웃기고 자빠졌네 ②

KBC 유머연구회 편

지성문화사

머리말

예부터 웃으면 복이 온다는 말이 있습니다.
이 말은 다시 말해 아무리 힘들고 어려운 고난이나 역경이 닥치더라도 웃다보면 생각이나 사고가 긍정적으로 바뀌어 좋은 일이 많이 생긴다는 뜻입니다.
하지만 웃음의 종류도 다양해서, 싱글벙글 웃는 것은 만족감을 나타내고, 능글능글 웃는 것은 비밀을 감추고 있는 것이며, 히죽히죽 웃는 것은 악의를 나타내는 것이라고 합니다.
또한 깔깔 웃는 것은 기품이 없음을 나타내고, 큰소리로 웃는 것은 대범함을 나타낸다고 합니다.

어쨌든, 아무리 귀한 영양제와 보약을 먹는 것보다 얼굴 활짝 펴고 소리내어 크게 웃는 것이 정신적, 육체적 건강에 훨씬 더 이롭다는 것은 여러분들도 잘 알고 있을 것입니다.
또한 밝고 건전한 유머 속에는 우리 어린이들이 책 속에서는 배울 수 없는 삶의 지혜와 철학, 재치 등이 다양하게 들어있기 때문에 두뇌발달에도 많은 도움을 줍니다.
「고저 수다맨이 와땀따~」는 최근 유행하는 유머, 개그, 위트 중에서 가장 재미있으면서도 유익한 웃음보따리만을 엄선한 것으로 웃음의 참 의미를 깨닫게 할 것입니다.
부디 이 책을 읽고 심심함과, 짜증, 우울함, 스트레스 등을 한방에 날려보내시길...

KBC 유머연구회

차례 ···

컨닝

생물시험을 보던 어느 날이었다. 문제 중에 정답이 '항문'인 것
　이 있었다.
반에서 늘 1등 하던 하니는 자신 있게 정답을 썼다. 그러자 옆에
　서 이를 훔쳐본 맹구는 똑같이 쓰면 컨닝했다고 혼날까봐 머
　리를 굴린 끝에 '똥구멍'이라고 썼다. 그리고 그　옆자리에
　있던　갈갈이는 한술 더　떠 '똥구녕'이라고 썼다.
그 날, 오후 채점한 시험지를 보여주는데 갈갈이 옆에 앉아있던
　수다맨의　답안지에는 다음과　같이 쓰여져 있었다.

"똥꼬."

수다맨 학교 보내기

아침이 되자 수다맨 엄마는 늦잠 자는 아들을 흔들어 깨우기 시
 작했다. .
"애야, 어여 학교 가야지."
하지만 수다맨은 학교 가기 싫다며 이불을 뒤집어 쓰며 소리쳤
 다.
"학교가기 시져! 애들도, 선생님들도 죄다 나를 싫어한단 말야."
그러자 수다맨 엄마, 한심스럽다는 표정으로 타이르듯 하는 말

"그래도 니가 명색이 학교 교장인디~"

뽕잎 따는 소녀

어느 무더운 여름날이었다.수다맨은 방학을 이용해 외가댁으로
　잠시 놀러갔다.
하루는 언덕 위에 있는 나무 위로 마을 전경을 살펴보고 있을 때
　였다. 나무 바로 아래 있는 뽕나무밭에서 열심히 일하고 있
는 한 소녀의 모습이 보였다.땡볕 아래 쪼그려 앉아 땀을 뻘뻘
　흘리며 일하고 있는 어여쁜 소녀를 보는 순간 수다맨은 자신
　도 모르게 사랑에 빠졌다.
"아, 내가 찾던 바로 이상형의 여자다!"
수다맨은 마음속으로 이렇게 외치며 나무에서 내려왔다. 그리고
　는 조심스럽게 소녀 곁으로 다가가 고백했다.
"저...어 이 무더운 날 부모님을 대신해 무엇인가에 열중하고 있
　는 당신의 모습, 정말 아름답습니다. 당신과 사귀고 싶습니다.
　허락해주십시오!"그러자 소녀는 뽕잎을 따려다가 깜짝 놀라
　며 이렇게 말했다.

"저...어 지금 응가하고 있는중이걸랑요~ 이따 다시 말해줄래
　요?"

면접 보던 날

사오정은 허튼 소릴 잘 하는 바람에 입사시험을 보는 족족 떨어
    졌다. 보다 못한 친구 오공이 사오정이 응시한 회사에 같이
입사원서를 냈다. 그리고는 자신이 먼저 면접을 보고 나와서 질
    문한 내용을 사오정에게 그대로 알려주기로 했다.
면접관: 가장 존경하는 인물이 누구인가?
오공: 전에는 이순신 장군이었는데 지금은 정주영입니다.
면접관: 혹시 지금이 몇 세기인지 아는가?
오공: 21세기초입니다.
면접관: 자넨 텔레비전에 나오는 맹구를 보면 어떤 생각이 드는
    가?
오공: 바보인데다가 지지리도 못 생겼다고 생각합니다.
면접이 끝나자 오공은 질문과 답을 오정에게 가르쳐줬다. 자신
    만만한 표정으로 들어 간 오정을 보며 면접관이 물었다.
면접관: 자네 이름이 뭔가?
오정:(자신만만하게) 전엔 이순신 장군이었는데 지금은 정주영
    입니다.
면접관: 자넨 언제 태어났는가?
오정: 21세기초입니다.
면접관: 이봐, 자네 바보 아냐?
오정: 바보인데다가 지지리도 못 생겼다고 생각합니다.

착각도 자유

어느 날 하니가 애인인 수다맨에게 삐삐를 쳤다. 그러자 잠시후,
　장난꾸러기 수다맨으로부터 음성메시지가 왔다.
"안녕하셔요! 저에게 삐삐 때려주셔서 진심으로 감솨
드림돠~
자신의 얼굴이 예쁘다고 생각하시는 분은 1번을...
자신의 얼굴뿐만 아니라 목소리까지도 예쁘다고 생각
하시는 분은 2번을...
자신의 얼굴, 목소리는 물론이고 거기에다 몸매까지 끝내준다
　고 생각하시는 분은 9번을 눌러주세요..."
하니는 피식 웃더니 당연하다는 듯 9번을 눌렀다. 그러자 낭낭
　하게 들려오는 여성의 목소리 왈.

"잘 못 누르셨습니다... 삐삐호출은 1번... 음성녹음은
2번..."

간호사 누나

수다맨이 맹장 수술을 받고 병원에 입원했다. 담당 간호사는 얼굴도 예쁜데다가 친절하기까지 했다. 수술한지 3일째 되던 날이었다. 간호사가 병실로 들어와 보니 수다맨이 고통스런 표정으로 몸을 뒤척이고 있었다.

간호사는 재빨리 달려와 수다맨을 바로 누였다. 그리고는 고통스러워하는 수다맨을 위해 친절하게 진통제까지 놓아주었다.

다음날, 병실에 다시 들어와 보니 수다맨은 전날과 같이 몸을 뒤척이며 고통스런 표정을 짓고 있었다. 간호사는 다시 수다맨을 바로 누이고 진통제를 놓아주었다. 그런 식으로 일주일 정도 지났을 때였다.

급한 일이 있어 잠시 외국에 나가있던 수다맨의 부모가 소식을 듣고 병원으로 달려왔다.

수다맨의 엄마가 아들의 손을 꼭 잡으며 물었다.

"그래 이제 괜찮니?"

"으...응 많이 좋아졌어."

"엄마 없는 동안 의사선생님과 간호사 선생님들이 잘 해줬어?"

그러자 옆에 서있는 예쁜 간호사를 쳐다보며 수다맨 하는 말.

·

·

·

"으...응. 근데 저 누나가 방귀를 못 뀌게 해."

닥쳐!

감옥에서 출소한 수다맨은 전에 자신이 모시던 두목을 찾았다.
  그러나 두목은 그 사이 조직을 떠나 어느 조용한 마을에서 양계
  장을 하고 있었다. 수다맨은 두목을 찾아 가 설득했다.
"형님! 이대로 끝낼 수는 없습니다요. 예전의 형님으로 다시 돌
  아와 와해된 조직을 다시 일으켜 주십시오!!"
하지만 두목의 결심은 대단했다. 점잖은 목소리로 타이르듯 말
  했다.
"난 이미 깨끗이 손 씻었다. 좋은 말 할 때 그만 돌아가라."
"형님!!"
"입 닥치지 못 해!"
그러자 수다맨, 몹시 낙담한 표정으로 양계장 쪽으로 걸어가더
  니 입으로 닭을 쳐대기 시작했다.

좋은 방법

어느 날 병원에 한 여자가 찾아왔다.

의사: 어디가 안 좋으셔서 오셨는지요?

여자: 요즘 이상하게 먹는 음식마다 그대로 다시 나와 배설해 버립니다. 과자를 먹으면 과자로, 과일을 먹으면 과일로 그 즉시 배설해 버립니다.

의사: 그게 정말입니까?

여자: 혹시 제가 죽을병에라도 걸린 건 아닌가요?

그러자 의사 잠시 생각에 잠기더니 곧이어 심각한 표정으로.

.
 .
.
.
.
.
.
.
.
.
.
.

"그럼 똥을 드셔보도록 하세요!"

독수리부자 이야기

꼬마 독수리가 아빠에게 물었다.
"아빠, 우리 날개는 왜 이렇게 큰 거야?"
"그건 하늘 높이 날아오르기 위해서란다. 그래야 멀리 있는 사냥
　감도 쉽게 발견할 수 있거든."
"그럼 발톱은 왜 이렇게 날카로운 거야?"
"그건 아무리 큰 사냥감도 단숨에 낚아챌 수 있기 위해서란다."
"그럼 우리 입은 왜 이렇게 뾰족한 거야?"
"그건 아무리 질기고 거친 고기도 단숨에 뜯어먹기 위해서란다.
　"
"그런데... 아빠?"
"이제 곧 하늘의 왕이 될 씩씩하고 용감한 나의 아들아! 왜?"
그러자 다소 의아한 표정으로 꼬마 독수리.

.
.
.
.
.
.
.
.

"그런데 아빠, 우리 이 동물원에서 언제 나가게 되는 거야?"

방귀 시리즈

방귀를 한 자로 말하면?
뽕.
방귀를 두 자로 말하면?
뽀옹.
방귀를 세 자로 말하면?
똥트림.
방귀를 네 자로 말하면?
똥딸국질
방귀를 다섯 자로 말하면?
두 산의 분노
방귀를 여섯 자로 말하면?
항문의 소나타
방귀를 일곱 자로 말하면?
쌍바위골의 비명
방귀를 아홉 자로 말하면?
내적 갈등의 외적 표현
방귀를 열한자로 말하면?
꽁보리밥의 이유없는 방황
방귀를 22자로 말하면?
작은창자 작사, 큰 작사 작곡, 항문이 노래하는 똥딸국질.

제 2 의 박찬호

제2의 박찬호 선수를 찾기 위해 미국에서 스카우트 담당자가
　한국을 찾았다.
그는 전국 방방곡곡을 이 잡듯 뒤지다가 강원도 어느 깊은 산골
　에서 괴력의 한 소년을 만나게 되었다.
소년은 돌멩이를 던져 1백 미터도 더 떨어져있는 곳에 있는 멧
　돼지를 한 방에 때려잡곤 했다.
스카우트 담당자는 믿을 수 없다는 표정을 지으며 그 즉시 소년
　을 데리고 그의 집으로 찾아갔다. 그리고는 자신의 신분을 밝
　히고는 계약금으로 1천만 달러를 줄 테니까 지금 당장 미국으
　로 데려가게 해 달라고 말했다.
그러자 잠시 고민을 하던 소년의 아버지 왈.

．
．
．
．
．
．
．
．
．
．
．

"근디, 저 놈 공 받다가 죽으면 누가 책임지는 겨?"

방귀대회

저희 연변에선 명절 때가 되면 온갖 잔치가 벌어짐돠~

마을 사람들은 운동장에 한데 모여 7백년 묵은 산삼무침, 3백년 묵은 통닭튀김, 지하 1천만 킬로미터 아래에서 뽑아 올린 천연 암반수 음료, 하늘에서 방금 전에 따온 천도복숭아, 공룡 안심스테이크, 개미 뒷다리 튀김 등의 음식을 나눠먹으며 흥겹게 가무를 즐김돠.~

짜기가 나도록 먹고 나서는 다양한 종류의 민속놀이를 즐김돠~

300년 묵은 거북이로 팽이치기하기, 3천년 묵은 구렁이로 줄다리기하기, 700년 묵은 고슴도치로 오재미 놀이하기, 3천년 묵은 지네 타고 차전놀이하기 등등 재미난 놀이가 엄청 많슴돠~

그러나 머니머니해도 저희 연변에서 가장 쨈 있는 전통놀이는 바로 스릴만점의 방귀뀌기 시합임돠.

경기는 마을에서 가장 방귀를 잘 뀌는 사람 8명을 뽑아서 토너먼트 방식으로 진행함돠. 마을에서 가장 높은 산에 선수들이 각각 한 명씩 올라가 요강을 사이에 두고 일대 공방전을 주고 받슴돠.

이쪽 산에서 뿌웅~ 하고 방귀를 날리면 저 쪽 산에서시리 다시 뿌웅~ 하고 맞받아침돠.

가끔은 요강이 엉뚱한 방향으로 날아가서 낮 잠자던 곰이나 풀 뜯어먹던 노루의 머리통에 맞을 때가 있슴돠.

기래도 그때 요강 맞고 그 자리에서 죽은 놈은 행복한 놈임돠.

재수없는 놈은 그 냄새 지독한 요강을 뒤집어쓰고는 길길이 날
  뛰다가 나중엔 얼굴이 누렇게 뜬 채 저 세상으로 가버림돠.
4강 전이되면 요강 대신 절구방아를 사용함돠.
기러면 방귀소리뿐만 아니라 파워도 엄청커짐돠. 시합도중 잠
  시 딴전 피다가는 절구방아에 맞아죽기 딱 쉽상임돠.
기래도 준결승쯤 돼야 '고저 이제야 방귀시합하는구나' 함돠.
  이때부턴 절구방아 대신 집채만한 바위덩어리를 대신 사용하
  는데 관중들도 엄청 몰려듬돠.
뿌부부부부붕~ 하고 방귀를 한 번 뀌면 그 소리가 얼마나 어
  마어마하게 큰지 알래스카에서 코딱지 파던 곰이 깜짝 놀라
  손가락으로 자신의 콧구멍을 푹 찔러 코피를 쏟게 만들 정도
  임돠. 파워도 엄청 업그레이드돼서 날아가는 바위에 제대로
  한 방 맞으면 뉴욕 쌍둥이 빌딩 정도는 기냥 한방에 박살나 버
  림돠. 가끔 하늘을 날던 여객기가 특별한 이유 없이 추락하는
  경우가 있는데, 그건 십중팔구 방귀시합 도중 잘못 날아간 바
  위덩어리에 맞아서 그런 것으로 보면 틀림없을 것임돠.
승부는 선수 중 한 명이 바위에 맞아죽어야 결판이 남돠.

제가 어릴 적이었슴돠. 갑자기 '퐈과과아아앙!'하고 지구가 반 토막 나는 듯한 굉음이 울려퍼졌슴돠. 전 지구가 다른 별과 충돌하는 줄 알았슴돠. 아니었슴돠.

그건 지구를 가운데다 놓고 달나라에서 뿌웅~ 하고 방귀를 뀌면 해나라에서 다시 뿌웅~ 하는 식으로 방귀시합 결승전이 벌어지고 있는 것이었슴돠~~~~~~

세계 유명 인물

미국에서 가장 배고픈 사람은?
-더달란마리아
베트남에서 가장 유명한 축구선수는?
-펑차우
일본에서 가장 인심 좋은 의사는?
-아끼지말고다발라상
일본에서 가장 유명한 요리사는?
-후추가루막뿌려상
한국에서 가장 술 잘먹는 사람은?
-노상술
중국에서 가장 유명한 술고래 이름은?
-곤드레만드레
프랑스에서 가장 유명한 장사꾼은?
-다팔래요
인도에서 가장 유명한 요가 도사 이름은?
-꼰다리또꽈
필리핀 제일의 백화점 주인은?
-막사라막사
이 세상에서 가장 불효막심한 사람은?
-에미졸라
세상에서 가장 빠른 새는?
-눈깜짝할새
러시아 제일의 깡패는?
-무자비하게때려스키

시도 때도없이 먹는 것만 밝히는 중국사람은?
-묵자
필리핀에서 가장 마른 사람은?
-비사이로막가
중국에서 가장 무식한 사람은?
-통몰라
중국에서 가장 설사가 심한 사람은?
-왕창싸
일본에서 가장 잔인한 흉악범은?
-바케스로피받아
일본에서 가장 치사한 깡패는?
-간이마만골라까
일본에서 가장 단순한 깡패는?
-아무나마구까
일본에서 가장 무식한 깡패는?
-도끼로이마까
일본에서 가장 유명한 낚시꾼은?
-다낚아
세계 고스톱 3대 명인은?
-중국의 왕창따, 프랑스의 몽땅따, 불가리아의 다긁어

식인종

식인종의 유언?
내가 죽고나면 즉시 숯불구이 해서 싸우지 말고 사이좋게 나눠
　먹어라!
미국인, 아프리카인, 한국인이 한데 모여있는 것을 보면?
－잡곡밥
식인종이 자기 부모를 잡아먹고 산에 올라가서 제일 먼저 외친
　소리는?
－나는 고아다!!!
간난아기가 예쁘다고 쓰다듬는 아들을 보며 식인종 엄마?
－먹는 것 가지고 장난하면 안 된다!
목욕탕에 들어간 식인종의 첫마디는?
－누가 내 밥에 물 말아놨어!
에이즈 걸린 환자를 보며 식인종?
－불량식품
임신한 여자를 보며 식인종?
－고기만두
식인종 아내가 자식을 낳아놓고 남편에게 처음으로 한 말은?
－여보, 식기전에 드세요.
식인종이 갓 태어난 아기를 보면?
－햅쌀

니 머리는?

니 머리에서 열나면?
-온돌
니 머리위에 내 머리를 갖다대면?
-맷돌
니 머리를 좌우로 흔들면?
-흔들바위
니 머리를 한껏 쥐어 박으면?
-부싯돌
니 머리가 바다에 빠지면
-바위섬
니가 바위산에 가서 사진 찍으면?
-가족사진
니 머리에 새 두 마리가 앉으면?
-일석이조
니가 개울물에 머리를 갖다대면?
-징검다리
니 앞에 있는 돌을 걷어차면?
-자기학대
니가 길을 가다가 돌을 발견하면?
-자아발견
니 머리에서 떨어지는 비듬은?
-돌가루

너와 나의 수학공식

너와 나를 더하면?
-우정
나에게 너를 빼면?
-오해
나와 너를 곱하면?
-사랑
나를 너로 나누면?
-이별

사랑

사랑의 조건은?
-무조건
30분 사랑은?
-반하다
순수하게 변함없는 사랑은?
-사이다 사랑
일방통행이란?
-짝사랑
끈질긴 사랑은?
-오징어 사랑
심심풀이 사랑은?
-땅콩사랑
악착같은 사랑은?
-거머리 사랑
아름다운 사랑은?
-무지개 사랑
설익은 사랑은?
-풋사랑
처음하는 사랑은?
-첫사랑

전라도 말로 바꾸기

너희들 그렇게 버릇없이 굴래?
-느그들 고로코롬 싹바가지가 없어서야 쓰것냐!
아니 벌써?
-워따 금시
언덕위의 하얀집?
-깔끄막 우게 히컨 집
석양의 무법자?
-해름참의 껄렁패
통행에 불편을 드려 죄송합니다?
-댕기기 옹색혀서 어째야쓰꺼라우
호수 위의 백조?
-둥벙 우게 때까우맹키로 생겨버린 것
이유없는 반항?
-뭐담시 지랄하고 자빠졌네.

연변 개

저희 연변에서는 개가 50살쯤 나이 먹으면 머리에서 뿔이나기 시작함돠.

하지만 그런 개들은 강아지 취급도 못받슴돠. 고저 한 100년은 묵으야 뿔도 제법 뻔대나는게 아, 고놈 이제야 개새끼 같구나야 함돠.

이런 개들은 성질도 만만치 않아서 자기들끼리 가끔 쌈질을 하는데, 사람들은 그때마다 혀를 끌끌차며 '아주 개판이구나!' 함돠.

개가 한 200년쯤 묵으면 간단한 말을 하기 시작함돠.

기래서 집주인이 외출을 할 때면 '안녕히 다녀오시라우야!'라고 상냥하게 인사도 하고 집안에 도둑이 들어오면 '이 집엔 훔칠 물건이 없으니 기냥 돌아가시라우야!'하고 점잖게 타일러서 돌려보내기도 함돠.

300년쯤 묵은 개는 사람과 거의 똑같이 말을 함돠. 기래서 외로운 노인 분들의 말벗이 되거나, 어린이들의 고민을 해결해주는 상담요원으로 활용하기도 함돠.

개가 한 500년쯤 묵으면 뿔도 엄청 멋들어지고 사람들과 똑같이 걸어다니기도 함돠. 어떤 개는 자기가 개라는 사실을 잠시 깜빡하고 사람에게 결혼하자고 조르기도 함돠. 대개 이런 개들은 작살나게 얻어 맞고는 다음날 보신탕 집이나 개소주집으로 팔려감돠. 제가 어릴적이었음돠. 잠을 자고 있는데 집안에 물이 가득 차 면서 땅이 심하게 흔들렸슴돠. 전 홍수와 지진이 동시에 난 줄 알았슴돠.

그런데 아니었슴돠. 그건 바로 999년 묵은 수캐가 동네 전봇대
앞에서 소변을 누고서는 부르르 떨고 있는 것이었슴돠~~~~~

프로포즈

어느 날 수다맨은 평소에 마음속으로 흠모하던 한 여자에게 편지를 썼다.

"난 남들처럼 배우지도 못했고 얼굴도 못생기고, 가진 재주라곤 수다 떠는 것밖에 없고, 쥐뿔 가진 것도 없고, 앞날은 캄캄 절벽이지......이런 나와 결혼해 줄 수 있겠니?"

그러자 며칠 후 여자로부터 답장이 왔다.

"난 배우지 못한 남자가 싫고, 얼굴 못생긴 남잔 딱 질색이고, 수다떠는 남잔 정말 밥맛이고, 가진 것 없는 남잔 쳐다보기도 싫고, 앞날이 캄캄한 사람은 경멸해......하지만 그게 '너'라면 결혼해 줄께♥"

미녀와 추녀의 차이

미녀가 윙크하면 가슴이 두근두근
추녀가 윙크하면 가슴이 철렁

미녀가 침뱉으면 깜찍
추녀가 침뱉으면 추접

미녀가 화장하고 있으면 변신
추녀가 화장하고 있으면 꼴값

미녀가 데이트 신청하면 황홀
추녀가 데이트 신청하면 우쒸!

미녀가 말타면 애마부인
추녀가 말타면 동물학대

미녀가 웃으면 매혹
추녀가 웃으면 미쳐

미녀가 농담하면 귀여워
추녀가 농담하면 끔찍해

미녀가 인터넷하면 자료검색
추녀가 인터넷하면 전력낭비
미녀가 애교떨면 사랑스러움

추녀가 애교떨면 공포스러움

미녀가 노래하면 앵콜앵콜!!
추녀가 노래하면 앵콜취소!!

미녀가 넘어지면 '저어, 괜찮으세요?'
추녀가 넘어지면 '쯔쯔쯔!!!!!!!'

엽기 알바 순위

☞ 6위.
식인상어 이빨 닦아주기(1마리당 5천원)

☞ 5위.
개미 가죽으로 구두 만들기(시간당 3만원)

☞ 4위.
모기 피 뽑아 드럼통에다 하나 가득 채우기(한 드럼당 5만원)

☞ 3위.
용암에 손 집어넣고 온도 알아 맞히기(분당 10만원)

☞ 2위.
에이즈 환자 애 낳아주기(1회 30만원)

☞ 1위.
농약 맛 보고 평가하기(1병당 100만원)

눈 이야기

어느 날 어둠의 신이 하늘에 떠있는 태양을 훔쳐갔다.
세상은 일대 혼란에 빠졌고 인간들은 극도로 불안해
했다.
보다 못한 빛의 신이 자신의 한쪽 눈을 빼서 태양이
있던 자리에 대신 박았다.
눈이 몹시 내리던 어느 날이었다.
엄마와 함께 신나게 놀던 한 아이가 하늘을 올려다
보더니 갑자기 이렇게 말했다.

    .

    .

    .

    .

."엄마 눈이 날 째려봐!"

자살방법

1단계: 아무것도 먹지 않는다.
결과: 배고파 죽는다.
2단계: 닥치는대로 먹는다.
결과: 배터져 죽는다.
3단계: 아무 일도 하지 않는다.
결과: 심심해 죽는다.
4단계: 죽어라 일만한다.
결과: 힘들어 죽는다.
5단계: 아버지에게 반말을 한다.
결과: 맞아 죽는다.
6단계: 즉석복권을 사서 긁지 않고 노려만 본다.
결과: 궁금해서 죽는다.
7단계: 죽기 일보직전 일 때 복권을 긁는다.
결과: 꽝이면 열 받아 죽는다.
8단계: 사촌더러 땅을 사라 한다.
결과: 배아파 죽는다.
9단계: 굼벵이와 달팽이의 달리기 시합을 본다.
결과: 속터져 죽는다.
10단계: 홀딱 벗고 거리로 뛰쳐나간다.
결과: 쪽 팔려 죽는다.

방안이 따뜻한 이유

날이 몹시 추운 어느 날이었다
수다맨은 엄마를 혼자 두고 미국으로 유학을 갔다.
엄마는 일주일 후 수다맨에게 편지를 보냈다.
"아들아! 니가 얼마나 그리운지 니가 쓰던 방은 아직도 너의 따
　스한 온기로 가득하구나..."
수다맨은 그 날 저녁 그리운 엄마께 즉시 답장을 보냈다.
"보고 싶은 엄마! 깜빡 잊고 그냥 왔는데... 내 방 보일러 불 좀
　꺼 주실래요?"

오징어와 짱구의 차이점

하니가 수다맨에게 물었다.
"혹시 짱구와 오징어의 차이점이 뭔지 알아?"
그러자 수다맨은 아주 자신있는 목소리로 이렇게 말
했다.

.
.
.
.
.
.
.
.
.
.

"오징어는 말리지만 짱구는 아무도 못 말려~!"

출산

결혼을 하여 며칠 후면 애 아빠가 되는 수다맨이 야근을 하고 있
   을 때였다.
아내가 갑작스런 진통으로 병원에 실려갔다는 전화가 걸려왔다.
수다맨은 급히 택시를 타고 아내가 실려갔다는 산부인과로 달려
   갔다.
마침 응급실에서 의사가 나오고 있었다. 수다맨은 흥분된 목소
   리로 의사에게 물었다.
"아들입니까? 딸입니까?"
그러자 두 눈을 지그시 감으며 의사 왈.

   .
      .
         .
            .
               .
                  .
                     .
                        .
                           .

"배탈입니다!"

그럼 난?

정신과 의사가 회진을 돌다 어느 병실에 들어갔다
방안의 환자 한 명은 바닥에 앉아 담배를 물고 있고 다른 한 명
　은 벽에다 자신의 머리를 계속해서 찧어대고 있었다.
의사가 뭐하고 있냐고 묻자 환자가 말했다.
"담배 피우려 하는 거 안보여요?"
"그럼 저기 벽에다 자신의 머리를 찧어대는 친구는 뭐하는 거
　요?"
"아~ 제 친구인데 좀 미쳤어요. 자기가 라이터인 줄 알고 있지
　뭐예요."
"당신 친구라면 다치기 전에 그만두라고 해줘야지요?"
그러자 깜짝 놀라 두 눈을 크게 치켜 뜨며 환자왈.

.
.
.
.
.
.
.

"뭐요! 그럼 내 담뱃불을 어떻게 붙이란 말이죠?"

엽기적 똥 이야기

▶ 이야기 속으로... 똥

분명 뭔가 배출되었다는 것이 감지되었으며, 휴지에서도 적출물
을 확인했으나, 일어나 변기통을 보면 아무리 찾아도 덩어리
를 찾을 수 없는 똥. '여고괴담' 똥으로도 불린다.

▶ 토요미스테리... 똥

분명 뭔가 배출되었다는 것이 감지되었으며, 변기통에서도 덩어
리가 확인되었으나 휴지에는 아무것도 검출되지 않는 똥.

▶ 불사파 똥

약 10회 이상 반복하여 똥꼬가 헐도록 휴지질을 하였으나, 여전
히 잔해물질이 검출되어서 결국은 포기하고 빤스 보호를 위해
한 겹의 휴지를 똥꼬 사이에 삽입하고 나오게 만드는 끈질긴
'빨치산'형 똥.

▶ 소방수 똥

바지를 채 내리기도 전에 소방수가 뿌리는 물줄기처럼 '빠지직
' 힘차게 분출되는, 조준을 잘해야 하는 똥.

▶ 찹쌀 똥

일을 끝내고 물을 내렸으나 변기면에 밀착, 10여차례의 물세례
에도 꿈쩍도않고 붙어있는 점도 높은 고밀도 초접착 똥.

▶ 아무래도.. 나 애 낳나바.. 똥

직경이 건장한 청년의 팔뚝 굵기를 능가하고 길이가 맥주 큰 병
을 초과하는 초대형 똥으로, 배출후 마치 콜라병 입구를 손
가락으로 막았다 순간적으로 빼면' 뻥 '소리가 나는 것처럼
배출과 동시에 똥꼬에 서 '뻐엉'소리가 나고 똥꼬 안쪽의 직
장에 잠시동안 진공상태 또는 공기회오리가 발생하는 경악을
금치못할 똥.

▶ 화생방전 똥

자신을 제외한 다른 어떤 사람도 3초 이상 흡입할 경우 심각한
구토증세와 호흡곤란을 느끼고, 1분 이상 지속적으로 이 가
스에 노출되었을 경우 환각증세를 동반하며, 5분이 경과되면
뇌사상태에 이르는 가스를 분출하는 똥. 일명 신경가스 똥.

▶ 나는 네가 그곳에 있는 것을 알고 있다 똥

대충 끝났다고 생각하고 섣부르게 행동해서는 안되고 끈기를 가
　지고 지긋이 앉아 떨어지길 기다려야 하는 마지막 한 방울의
　똥. 이 똥을 과소평가하여 그대로 휴지질을 했을 경우, 예상
　을 뒤엎는 크기의 잔존 똥이 휴지에 적출되기 마련인데 그 적
　출물이 대부분 휴지 조직을 뚫고 손꾸락까지 침투하는 무서운
　똥.

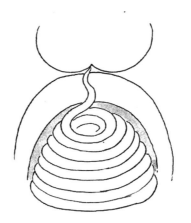

▶ 퇴적층 똥

한번의 끊임도 없이 얇고 가늘게 방사형을 이루며 감기면서 쌓이
　는 똥으로 물을 내려도 자국을 반드시 남기는 유형의 똥. 통상
　이런 똥을 이뤄낸 후에는 누군가를 불러 그 신기함을 목격케
　하고 싶은 강한 욕구를 느끼게 하는 똥.

▶ 방군줄 알았지... 똥
앉자마자 그저 퍼퍼벅... 방구를 한번 꼈다고 생각했는데 작업이
  끝나버림은 물론이고 변기를 가아득~ 채워버리는 똥.

▶ 분수 똥
소방수 똥과도 유사하나 소방수 똥이 일직선으로 분출되는데 반
  해 이 유형은 그 비행궤적이 비선형으로 전혀 예측할 수 없게
  사방으로 힘차게 분출되면서 물이 튀고 똥꼬에도 튀는 엽기적
  인 똥.

▶ 오르가슴 똥
작업을 끝내고 나면 싸... 한 것이 노곤하면서도 뭔가 이뤘다는
  뿌듯한 느낌을 주는 만족스런 똥.

▶ 코르크 똥
최소한 투척 직후 일단 가라 앉았다가 뜨더라도 뜨는 대부분의
  똥에 비해 투척하자 마자 곧장 뜨는 똥. 일명 '공기방울' 똥.

▶ 공작새 똥
일어나서 물을 내리기 전 그 화려한 문양에 화들짝 놀라게 되는
  예술적인 똥.

▶ 국민체조 똥

너무 크고, 딱딱해서 '이걸 과연 무사히 쌀 수 있을까'하는 걱정
  이 일단 먼저 들고 그러다가 분출하기 전에 앉았다 일어났다
  및 갖가지 포즈의 국민체조를 해줘서 체내에서 미리 적당한
  모양으로 만들어 줘야 겨우 쌀 수 있는 무서운 똥.

▶ 불꽃놀이 똥

여름철 과일을 먹은 후 자주 출현하는 유형으로, 작업을 끝내고
  그 정경을 볼라치면 갖가지 모양과 색깔의 과일 씨앗들이 마
  치 불꽃놀이 하듯이 변기에서 부유하고 있는 똥.

▶ 핵 똥

엄청난 폭발음으로 옆칸은 물론이고 옆의 여자화장실까지 그 파
  열음이 전달되는 똥. 기록에 의하면 건물의 다른 층까지 전달
  되는 경우가 있다고 하는 파괴적인 똥.

▶아하... 그랬구나 똥

너무도 무서운 속도로 분출되기에 도대체 어떻게 된거야 의아해
  하다가 작업을 끝낸 후 마지막으로 큰 방구가 나오면서 '아
  하 이거에 밀려 나왔구나'하고 깨닫게 해주는 과학적인 똥.
(우먼스토리에 스무디님께서 올리신 글을 발췌한 것임돠)

미치고 환장하것네 1

수: 내가 오늘 오락실을 가지 않았겄어.

준: 재미있었겠군?

수: 재미 좋아하시네. 아 글시 백원 달랑 남은 돈을 오락기에 넣
    었는디...

준: 넣었더니 어떻게 됐는감?

수: 꿀꺽 삼켜버리고는 깜깜무소식인기라.

준: 허허 저런! 많이 상심 됐겠구먼? 그래 주인한테 말해보지
    그랬나?

수: 물론 그랬지~

준: 그래 주인이 돈을 주든감?

수: 아 글시 돈은 커녕 거짓말 하지 말라며 열나게 화만 내는기야.

준: 쯔쯔 저런~

수: 그런데 더 황당한 건...

준: 황당한 건?

수: 옆에 있던 애들이 나더러 그지라고 놀려 대고 있으니~

수, 준: 이거 미치고 환장하것네~ 아이구야!!!

미치고 환장하것네 2

준: 뭐 그 정도 가지고 그러는감

수: 자네도 나처럼 황당한 일이 있었나 보군.

준: 아 글시 얼마전에 창문이 열려 있는줄 알고 담배꽁초를 창문
　에 던져버렸지 뭔가.

수: 어이쿠 저런~ 그래서 어떻게 됐는감?

준: 담배공초가 떨어져 내 바지를 녹이고 있는기야.

수: 저런~

준: 결국에는 너무 뜨거워서 차 핸들을 놓쳐버렸지.

수: 그래서 어떻게 됐는가?

준: 맞은편에서 달려오던 똥차와 멋들어지게 키스를 해부렀으
　니~

수, 준: 이거 미치고 환장하것네~ 아이구야!!!

미치고 환장하겄네 3

수: 자네도 알다시피 내가 어제 선보러 가지 않았겄나~

준: 그랬지!

수: 아, 그런데 선보는 도중에 자꾸만 방귀가 나오려하는그야

준: 저런~ 그래서 어떻게 됐나?

수: 아 글시 그럭저럭 잘 참았는데 웃다가 그만 뿌웅~ 했지 뭔가?

준: 황망 했었겠군먼?

수: 아, 그런데 느낌이 이상해서 보니...

준: 봤더니?

수: 똥이 함께 나왔으니~

수, 준: 이거 미치고 환장하겄네~ 아이구야!!!

미치고 환장하것네 4

준: 지난번에 내가 사준 금붕어 잘 자라고 있는가?
수: 지난번에 한 마리만 남고 죄다 죽어 버렸다네
준: 저런~
수: 그런데 그 한 마리 남아있던 놈도 어젯밤에 마저 죽었다네
준: 쯔쯔 어쩌다가~
수: 너무 외로워보여서 멸치 몇 마리를 어항에 넣었더니~
준: 그랬더니?
수: 그랬드니 10분도 안돼서 자살해 버렸으니~
수, 준: 이거 미치고 환장하것네~ 아이구야!!!

미치고 환장하것네 5

준: 난 어제 아주 특이한 시험을 했었다네
수: 그래, 어떤 시험을 했지?
준: 여자들이 애낳는 느낌이 몹시 궁금한기라.
수: 그래서?
준: 달걀을 항문에 끼고, 힘줬다 뺐다 하다가~
수: 하다가?
준: 그만 달걀을 깨뜨려 버렸으니~
수, 준: 이거 미치고 환장하것네~ 아이구야!!!

미치고 환장하것네 6

수: 뱀술이 남자들 정력에 좋다는 거 아는감?

준: 들어는 봤네. 그런데 갑자기 웬 뱀술타령이지?

수: 어제 내가 아버지를 위해 담그지 않았었나.

준: 어허! 정말 대단한 효자군

수: 효자면 뭐하는가? 엄마한테 작살나게 얻어터졌는걸

준: 왜 자네같은 효자를 때린거지?

수: 뱀술 담는다고 아버지가 가장 아끼는 양주에 지렁이를 잡아
　　서 넣었으니~

수, 맹: 이거 미치고 환장하것네~ 아이구야!!!

동물뉴스 25시 1

최근 생쥐마을에 천사가 나타났다고 전국이 떠들썩했는데 그 실
  체가 오늘 낱낱이 밝혀졌습니다.특파원들이 소동의 진원지인
  생쥐마을을 정밀 취재한 결과 쥐들이 보았다는 천사는 박쥐인
  것으로 최종 확인되었습니다.

동물뉴스 25시 2

얼마 전 술 먹고 행패를 부렸던 불곰이 실은 불곰이아닌 북극 백
  곰으로 밝혀졌습니다. 북극 촌마을에서 상경한 백곰은 좀 세
  련되게 보이려고 얼마 전 미용실에서 붉은색 털로 염색을 했
  다고 합니다.
한편 인간들이 즐겨먹는 곰국이 자신들과 아무런 연관이 없다는
  사실이 알려지자 그 동안 외출을 극도로 자제하며 불안감에
  떨고있던 곰마을에서는 이제 맘 편히 잘 수 있게 됐다며 일제
  히 환호성을 보내고 있다고 합니다.

동물뉴스 25시 3

꼴뚜기들이 집단 시위에 들어갔습니다.

'어물전 망신은 꼴뚜기가 다 시킨다'는 음해성 발언을 퍼뜨린
　자를 당장 잡아들이라며 무차별적으로 먹물을 쏘아대고 있다
　고 합니다.

경찰에서는 그건 우리 동물들이 아닌 인간들이 만들어낸 말이라
　고 해명하고 있지만 꼴뚜기는 들은 척도 하지 않는다고 합니
　다.

한편 이 소식을 들은 같은 노조 소속 오징어와 쭈그미 등도 곧
　시위에 가담할 예정이라는 소식이 전해지면서 정부당국이 잔
　뜩 긴장하고 있다고 합니다.

동물뉴스 25시 4

자신의 숏다리 때문에 늘상 고민을 해오던 뱁새가 황새 흉내를
　내다가 가랑이가 찢어서 병원으로 긴급히 후송되었다고 합니
　다.

한편 호랑이 없는 골에서 자신이 왕이라고 떠들어대던 토끼는
　거북이와 달리기 시합을 하다 패하자 쪽 팔려서 바닷물 속으
　로 뛰어들어가 자살했다고 합니다.

동물뉴스 25시 5

벼룩 소년이 간경화로 고생하는 아버지를 위해 자신의 간 일부
　를 거꺼이 떼어준 훈훈한 미담이 전해지고 있습니다.
한편 이 사실을 전해들은 한 독지가는 소년의 효심에 감동해 최
　고급 순종 진돗개와 아파트 한 채를 무상으로 기증하겠다고
　했답니다.
속보입니다. 벼룩을 보고 낯짝이 없다는 허위사실을 위포한 혐
　으로 지명수배를 받고있던 파렴치범 이가 오늘 저녁 자신의
　숙소인 서울역 한 노숙자의 머리에서 경찰에 의해 체포되었다
　고 합니다.

동물뉴스 25시 6

참새가 방앗간을 그냥 지나가는 아주 보기 드문 장면이 목격되었
　다고 합니다.
나중에 진위를 알아보니 졸음 비행을 하다 얼떨결에 그냥 지나
　간 것이라고 합니다.

동물뉴스 25시 7

비 온 뒤에 땅이 갑자기 굳어지는 바람에 지렁이 마을 전체가 생
존의 위기에 처해있다고 합니다.
정부는 코끼리를 동원해 마른 땅위에 물을 뿌리는 것은 물론 두
더지들의 협조를 얻어 마을 한쪽 공간을 조심스럽게 파헤치
고 있다고 합니다.
한편 자신들의 뿌리를 찾기 위해 방학을 이용, 잠시 지렁이 마
을을 찾았던 갯지렁이 방문단들 중 일부는 갑자기 달라진 물
맛 때문에 심한 복통을 호소하고 있다고 합니다.

동물뉴스 25시 8

정신병원에 입원한 곰이 허구한날 실실 웃기만 해 정밀 진단한
결과 '쓸개없는 곰'으로 밝혀졌다고 합니다.
한편 장기매매범들에 의해 간의 일부를 도둑맞았던 벼룩은 빠
른 속도로 회복중이라는 희소식입니다.

동물뉴스 25시 9

평화의 상징인 비둘기들이 집단으로 패싸움을 벌려 커다란 충격을 주고 있습니다.

평소 얌전했던 이들은 싸움 전에 금지약물인 중국산 가짜 사향가루를 집단 복용한 것으로 밝혀졌습니다. 또한 검거된 이들의 주머니에서 금지약물인 사향가루외에도 마약류의 일부인 농약 묻힌 볍씨 일부가 발견 돼 관계당국을 당혹감에 빠뜨리고 있다고 합니다.

동물뉴스 25시 10

거북이 집에 3인조 악어 강도가 들었다고 합니다.

범인들은 거북이 부부를 뒤집어 놓고는 집안에 있던 귀금속을 모조리 가져갔다고 합니다. 바퀴벌레가 신고하기 전까지 무려 십 년여 동안이나 방안에 뒤집혀 있던 거북이 부부는 경찰들이 그때의 끔찍했던 상황에 대해 물었지만 너무 오래된 일이어서 전혀 기억이 없다고 합니다.

그 사이, 신혼 초에 낳았던 거북이 알들이 다 부화해서 이제 200킬로 넘는 어엿한 성인 거북이로 성장했다고 합니다.

동물뉴스 25시 11

술에 취한 생쥐가 지나가던 호랑이에게 싸움을 걸었다가 전치
　10주의 중상을 입었다고 합니다.
중환자실에 입원치료 중인 생쥐는 "술에 취하니까 눈에 뵈는게
　없었다"고 그때의 정황에 대해 진술했다고 합니다.
한편 지난번에도 하룻강아지와 맞짱뜨다가 톡톡히 망신당했던
　호랑이는 "쥐방울만한 놈이 자신을 보고 자꾸만 고양이 짜식
　"이라고 놀려서 홧김에 폭력을 휘둘렀다며 선처를 호소하고
　있다고 합니다.

동물뉴스 25시 12

하루살이에 관한 소식입니다.
자신이 하루밖에 못사는 것을 비관해 죽기전에 원없이 놀아보자
　며 수십장의 카드를 마구잡이로 긁어대던 하루살이가 요즘 큰
　고민에 빠졌다고 합니다. 카드사에서는 빚독촉장이 계속해서
　날아오는데 벌써 한 달째 좀처럼 죽을 기미가 보이지 않기 때
　문이랍니다.

동물뉴스 25시 13

자신이 올챙이인지 고양이인지 분간하지 못해 혼란스러워 하던
   꼬리 달린 개구리가 고민을 거듭하던 끝에 하품하던 악어 입
   속으로 뛰어들어 자살했습니다.

동물뉴스 25시 14

인간들의 라면 CF에 출현했던 너구리가 출연료로 미꾸라지 100
   마리와 들쥐 두 마리를 지급 받았다고 합니다.
하지만 너구리는 처음 계약한 내용과 다르다며 잉어 한 마리만
   더 달라고 게기다가 인간들에 의해 껍데기가 홀라당 벗겨졌다
   고 합니다.
현재 너구리의 털은 인간들의 목도리로 만들어져 사용되고 있다
   고 합니다.

동물뉴스 25시 15

벼룩시장을 통해 원조교제를 알선해 온 고양이 일당들이 검거됐습니다.
이 고양이 일당은 결혼정보센터 운영하는 것처럼하여 늑대, 불곰, 코끼리, 치타, 호랑이 같은 성인회원을 확보한 후 어린 코알라, 여우, 뱀, 족제비, 다람쥐들과 연결해주고 사례비를 챙겨왔다고 합니다. 이들 어린 동물 중에는 심지어 알에서 갓 부화한 병아리는 물론이고 생후 일주일도 안된 햄스터까지 포함된 것으로 밝혀져 더욱 충격을 주고 있습니다.

동물뉴스 25시 16

만취한 쥐를 마구 두들겨 패 구속수감 된 호랑이가 교도소 안에서 오늘 갑자기 사망했다고 합니다. 얼마 전 하룻강아지와 맞짱뜨다가 이빨이 왕창 나갔던 호랑이를 보고 감방 고참인 젊은 토끼가 신고식을 하라고 강요하자 갑작스런 혈압상승으로 숨졌다고 합니다.

동물뉴스 25 시 17

해수욕장에서 난동을 부리던 황소가 긴급히 투입된 스컹크특수
　　부대의 가스탄을 받고 겨우 체포됐다고 합니다.
한편 평소 얌전하던 황소가 갑자기 난동을 부리게된경위를 조사
　　중인 경찰은, 황소가 잠든 사이에 붉은색 선글라스를 몰래 착
　　용시킨 혐의로 염소부인을 긴급수배했다고 합니다.
경찰은 평소 은밀한 관계를 유지해오던 황소가 헤어질 것을 요
　　구하자 염소부인이 이에 앙심을 품고 이 같은 범행을 저지른
　　것으로 추정하고 있습니다.

동물뉴스 25 시 18

굿판을 벌이던 무당벌레가 작두를 타다가 발가락 두 개가 잘려
　　나가는 중상을 입었다고 합니다. 한편 '선무당이 사람잡는다
　　'고 신내림 받던 또 다른 무당벌레 한마리는 신의 음성이 들
　　린다며 잠자던 사람의 귓속으로 기어 들어가 멀쩡한 생사람
　　하나를 쇼크사 시켰다고 합니다.

동물뉴스 25시 19

낙타가 잠든 사이에 혹을 도난 당하는 사건이 발생했습니다. 경찰은 이번 사건을 최근 기름 부족으로 어려움을 겪고있는 음식점에서 튀김용 기름으로 사용하기 위해 훔쳐 간 것으로 추정하고 있습니다. 한편 지난번에 돼지부인 뱃살 20킬로그램을 몰래 베어갔던 일당 중 한 명인 들쥐가 오늘 검거됐다고 합니다. 경찰은 들쥐 일당들이 훔친 돼지부인 뱃살로 만든 버터 3킬로그램을 증거물로 압수했다고 합니다.

동물뉴스 25시 20

평소 호기심이 많던 한 낙타가 바늘구멍에 들어가려다가 질식사했다고 합니다. 한편 자신이 손오공이라고 우겨서 화제가 됐던 원숭이는 조사결과 얼마 전 정신병원에서 탈출한 원숭이로 밝혀졌다고 합니다.

동물뉴스 25시 21

농구경기를 갔던 캥거루 부인이 아기 캥거루를 잃어버렸다는 안
  타까운 소식입니다. 캥거루 부인의 말에 의하면 농구장에서
  한창 응원을 하다가 집으로 돌아와 보니 주머니 속에 새끼 캥
  거루는 없고 대신 농구공 하나가 들어 있었다고 합니다.
경찰은 캥거루 부인이 농구에 열중하고 있을 때 누군가가 아기
  캥거루와 공을 바꿔치기 한 것으로 보고 동일 수법의 유괴범
  들을 상대로 탐문수사를 벌리고 있다고 합니다.

동물뉴스 25시 22

비아그라를 어린이 감기 약인 줄 알고 잘못 복용했다가 힘을 주
체하지 못해 옆집 치타 할머니에게 못된 짓을 하려던 푸우 어
린이가 오늘 정상이 참작되어 부모님의 품안으로 돌아갔다고 합
니다.

동물뉴스 25시 23

요즘 물고기들 사이에서는 영화 '가재미 부인 눈꼬리 올라갔네
'로 공전의 히트를 기록한 가재미 부인의 영향을 받아 눈꼬리
를 올리고 찢는 수술이 대 유행이라고 합니다.
하지만 이에 따른 부작용도 만만치 않아 많은 피해 사례가 속출
하고 있다고 합니다. 얼마 전 수술 받았던 10대 복어는 수술
한 자신의 모습을 보고 '내가 무슨 엽기토끼냐?'며 울상이 되
어 앓아 누웠고, 명태는 수술후유증으로 자신의 눈이 동태눈
처럼 흐리멍텅해지자 이를 비관해 육지로 뛰어올라 자살했다
고 합니다. 참으로 안타까운 소식이 아닐 수 없습니다.

협박편지

어느 날이었다. 갈갈이 앞으로 협박편지가 한 통 날아
왔다. 갈갈이는 편지를 읽다가 그만 거품을 물며 쓰러
졌다. 편지에는 담과 같이 써 있었다.

이번엔 볼링공을 갈아라!!!!!!!!!!!!!!!!!!!!!!!!!!!!!!!
이번엔 볼링공을 갈아라!!!!!!!!!!!!!!!!!!!!!!!!!!!!!!!
이번엔 볼링공을 갈아라!!!!!!!!!!!!!!!!!!!!!!!!!!!!!!!
이번엔 볼링공을 갈아라!!!!!!!!!!!!!!!!!!!!!!!!!!!!!!!
이번엔 볼링공을 갈아라!!!!!!!!!!!!!!!!!!!!!!!!!!!!!!!
이번엔 볼링공을 갈아라!!!!!!!!!!!!!!!!!!!!!!!!!!!!!!!

아빠는 너를 사랑한단다아~

토마스: 아빠 저 이번에도 꼴찌 먹었어요!

토마스 부: 토마스, 그래도 아빤 널 사랑한단다아~

토마스: 아빠가 가장 아끼시는 도자기 실은 제가 깨뜨렸어요

토마스 부: 토마스, 그래도 아빤 널 사랑한단다아~

토마스: 어제 집에 불난 거 실은 제가 심심해서 불장난하다 그런 거예요

토마스 부: 토마스, 그래도 아빤 웬만하면 널 사랑하고 싶단다~

토마스: 아빠가 옆집 누나와 바람 피는 거 실은 제가 엄마한테 고자질했어요

토마스 부: 토마스, 아빤 널 사랑하지 않을 수도 있단다아~

토마스: 아빠를 변태라고 동네방네 소문내고 다닌 거실은 제가 그랬어요.

토마스 부: 토마스, 고마해라~ 사랑하는데도 한계란게 있는기 다~

토마스: 아빠, 우리 알고 지낸지도 꽤 된 거 같은데 이제 말 좀 트고 지내는게 어떻겠수?

토마스 부: 토마스, 이 버르장머리없는 놈아! 니 한 번만 더 그 조동아리 놀리면 확 찢어뿌린다~

아, 무를 주세요!

갈갈이: 아, 무를 주세요!!!

슈렉: 무가 없는데요

갈갈이: 아, 수박을 주세요!!!

슈렉: 수박도 없는데요

갈갈이: 아, 메론을 주세요!!!

슈렉: 메론도 없는데요

갈갈이: 아, 아무거나 주세요!!!

슈렉: 콩 밖에 없는데요

갈갈이: ??????!!!!!!!

슈렉: ....

갈갈이: 아, 그럼 오늘은 콩자반 담는 방법에 대해 알아보도록 하
겠어요~ 어, 이게 아닌데...

수다맨 부인

어느날 수다맨 부인이 스파이더맨 부인, 슈퍼맨 부인, 배트맨 부인, 투명인간 부인을 집으로 초대했다.

스파이더맨 부인: 우리 남편은 허구한날 벽에 붙어서 잔다우~

배트맨 부인: 우리 남편은 허구한날 천장에 붙어서 잔다우~

슈퍼맨 부인: 우리 남편은 허구한날 지붕 위에서 잔다우~

투명인간 부인: 우리 남편은 어디에서 자는지 보이지도 않는다우~ 집에서 자는지 외박을 하는지조차도 알 수 없으니...

이때였다. 음식을 준비하고 있던 수다맨 부인, 깊은 한숨을 내쉬며 하는 말.

그래도 댁의 남편들은 잠이라도 자게 냅두지! 우리 남편은 잠도 안 재우고 밤새 자기혼자 떠들어 댄다우."

엽기 병아리

어느 날, 병아리 가족이 소풍을 갔다.
그런데 아기 병아리 한 마리가 늦게 왔다.
그래서 엄마 닭이 화가 나 말했다.
"너는 커서 뭐가 되려고 그렇게 늦게 걸어오니?"
그러자 아기병아리가 울먹이며 하는 말.

"튀김 닭요!!!"

자동응답기의 엽기 인사말 1

☎

안녕하세요. 전 현재 시험 공부중임돠~
메시지를 남겨주세요. 이번에 성적이 오르면 곧 답변
을 해드리겠슴돠~
만약 연락을 하지 않으면 성적비관으로 자살한 줄 아
시고 가까운 경찰서나 119에 신고 바랍니다~

자동응답기의 엽기 인사말 2

☎

안녕하세요. 저는 현재 집에 있으면서도 귀찮은 사람
의 통화를 피하기 위해 일부러 받지 않고 있습니다.
목소리를 남겨 주세요. 그래도 제가 받지 않으면 당신
이 바로 방금 전에 내가 말한 바로 그 사람입니다~

우리학교 인기짱 순위

7위: 학생주임 선생님의 자동차 타이어를 죄다 빵구 내 뿌린 친구

6위: 시험 감독하던 선생님을 다리 걸어 넘어뜨려뿌린 친구

5위: 체벌 가하는 선생님의 몽둥이를 빼앗아 확 부질러뿌린 친구

4위: 공부하기 싫다고 옥상에 올라가 책을 죄다 불살라 뿌린친구

3위: 청소시간에 선생님 얼굴에 확 걸레를 던져뿌린 친구

2위: 소지품 검사하는 선생님을 뒤에서 똥침 먹여뿌린 친구

1위: 졸고있는 대머리 교장선생님의 머리에다 매직으로 '문어 대가리'라고 써뿌린 친구.

※ 위 학생들의 공통점: 한때는 학생들 사이에 영웅이 되었지만 현재는 모두 퇴학당한 상태임.

세상에서 가장 어려운 일

3위: 하늘에서 별을 따는 것
2위: 대머리 머리에 똑딱삔 꽂기
1위: 수다맨과 말싸움해서 이기는 것

인질

수다맨은 크리스마스가 다가오자 엄마한테 물었다.
"엄마! 산타할아버지는 어떤 어린이에게 크리스마스 선물을
    줘?"
"응 그건 착한 일을 마니마니 한 어린이한테만 준단다"
이 말을 들은 맹구는 여간 고민되는 것이 아니었다.생전 착한 일
    이라곤 해본 적이 없었기 때문이었다.
맹구는 이 문제로 고민하다가 갑자기 좋은 생각이 났다는 표정을
    지으며 성당으로 급히 달려갔다. 그리고는 성모 마리아상을
    집으로 들고 와서는 산타할아버지에게 전화를 걸었다.

.
    .
    .
    .
    .
    .
    .

"이번 크리스마스날 자전거 한 대를 선물로 준비해라!
만약 내 말을 거역하면 인질로 잡고있는 니 에미를 그냥 안 놔두
    겠다!!!"

붕어빵의 슬픈사랑 1

찬바람이 쌩쌩 휘몰아치는 어느 겨울날이었다. 한 쌍의 붕어빵이
   나란히 서 있었다.
여붕어빵: 우리 그만 만나. 그 동안 행복했어
남붕어빵: 왜? 내가 싫어진거니?
여붕어빵: 그런게 아냐. 그냥 날 잊어 줘.
(남 붕어빵 절망스런 표정으로 여 붕어빵의 손을 잡는다. 그러더
   니 깜짝 놀라서.)
"아니 손이 왜 이렇게 찬거니?"
"......"
"혹시 어디 아픈 거 아냐?"
"......"
"너 설마 백혈병 같은 불치병에 걸린 건 아니겠지?"
(그러자 여붕어빵, 눈물을 흩뿌리며 한없이 슬픈 눈망울로.)
"시...실은 나 붕어싸만코야 !"
"!!!!!!!!!!!!!!"

붕어빵의 슬픈사랑 2

붕어 한 쌍이 호숫가를 거닐고 있을 때였다. 갑자기 못된 메기가
　나타나서 시비를 걸었다.남자붕어는 그 동안 갈고 닦은 태권
　도 솜씨로 메기를 한방에 날려보냈다.
화가 난 메기는 칼을 꺼내 남자붕어를 찌르려했다. 이때 갑자기
　여자붕어가 몸을 던져 대신 칼을 맞았다.
여자 붕어는 피를 토하며 쓰러졌다. 그런데 어찌된 일인지 붉은
　피가 아닌 갈색피가 나오는 것이 아닌가. 여자붕어는 눈물을
　흘리며 다음과 같이 말하고는 숨을 거뒀다.

.

.

.

.

.

.

.

.

"자기야! 미안해... 실은 나 붕어빵이었어..."

출생의 비밀

바보인 맹구가 하루는 심한 복통을 느껴 병원을 찾던중 산부인과
    에 가게 되었다. 의사는 아쉬운 대로 대충 치료를 해준 후 얼마
    전 산모가 버린 신생아를 맹구에게 주면서,
"하하, 축하합니다! 순산하였습니다. 아들입니다." 하고 건네주
    었다.
바보인 맹구는 자신이 배가 아팠던 이유가 출산하려고 그렇게
    아팠다고 생각하고는 아이를 데려다 정성껏 키웠다.
세월은 흐르고 흘러, 그로부터 30년 후. 맹구는 죽음을 코앞에
    두고 그 아이에게 출생의 비밀에 대해 알려주려고 불렀다.
"애야, 실은 난 네 애비가 아니다!!!"
그러자 어른이 된 아이는 깜짝 놀라며,
"그게 사실이옵니까 아버님?" 하고 물었다.
그러자 괴로운 표정을 지으며 맹구왈.

        .
        .
        .
        .
        .

        .

"실은... 난 니 애비가 아니라 니... 에미이니라??!!!!!"

사또 사오정

사오정이 남원의 사또로 부임하게 되었다. 하루는 고을에서 가
  장 절세미인이라 소문이 자자한 춘향이를 불러 수청을 들라
  했다.그러나 임자가 있던 춘향이는 단호하게 이를 거절했
다.그러자 사오정은 온갖 희귀한 금은보화를 꺼내놓으며 춘향을
  유혹했다. 결국 춘향은 보물에 눈이 멀어 수청을 들겠노라고
  했다.
그러자 사오정 몹시 흥분해서 하는 말.
  .
  .
  .
  .
  .
  .
  .
  .
  .

"저 독한 년을 지금 당장 끌어다 인당수에 집어 던져버려랏!!!"

군대간 사오정

사오정이 군대를 갔다. 그것도 특수부대에...

하루는 동기중 한 명이 유격훈련을 받다가 자꾸 뒤처지는 바람에 벌을 받게 되었다. 완전무장 한 채 연병장 주위를 20바퀴 도는 벌이었다.

그런데 몸이 약했던 동기는 10바퀴도 채 못 돌고 바닥에 털썩 주저앉았다. 그러자 이를 안타깝게 지켜보던 교관은 불쌍한 생각♪이 들었던지 옆에 있던 사오정에게 말했다.

"후딱 뛰어가서 저노마보고 그만 돌라고 해라!"

"옛설!"

사오정은 재빨리 달려가 동기에게 말했다.

"너 자꾸 꾀병부리면 이따 밥 안 준대."

한석봉 이야기

한석봉: 어머니 소자 돌아왔사옵니다.

어머니: 그럼 어여 발 닦고 자도록 해라!

한석봉: 그럼 글은...

어머니: 피곤한데 염병할 놈의 글은 무슨...

한석봉: 그래도...

어머니: 너 안자고 계속 말댓구하면 다리 몽둥이 확 분 질러뿌린
　　　다!

한석봉: 우리 엄마 맞아 씨이~~~

통닭

어느 날 맹구가 통닭 한 마리를 주문했다. 그런데 이상하게 닭다리가 하나밖에 없었다.의아해서 가게 주인에게 전활 걸어 물었다. 당황한 주인은 얼른 둘러대며 말했다.
"아 글쎄, 앞집 개한테 까불다가 한쪽다리를 잃어버렸지 뭡니까?"
그러자 맹구 하는 말

"그럼 안 까부는 놈으로 바꿔 주셔와용~"

경상도 할머니

할머니가 택시에 탔다.
기사가 물었다.
"할머니 어디 가시나요?"
그러자 할머니 왈.

"갱상도 문둥이 가시나다 와?"

수다맨의 일기 1

X월 X일 X요일 날씨: 알송달송.

수업시간이었슴돠. 선생님께서 물으셨슴돠.
"나이 지긋하신 어른들에게 용돈이나 선물을 받으면 어떻게 대
  답해야 하나요? 힌트는 '다'자로 끝나는 말입니다."
그러자 하니가 손을 번쩍 들면서 말했슴돠.
"고맙습니다~ 입니다."
"네, 잘했어요. 그럼 또 없을까요?"
전 모처럼 만에 선생님에게 점수 딸 수 있는 기회라 생각하고
  자리에서 벌떡 일어나 큰 소리로 말했슴돠.
     .
         .
           .
             .
               .
                 .
                   .
                     .
                       .
                         .
                           .
                             .

"허허, 뭘 이런걸 다..."

수다맨의 일기 2

X월 X일 X요일 날씨: 알쏭달쏭.

오늘 시험결과가 나왔슴돠.
예상했던 대로 또다시 꼴지였슴돠. 아버지께 성적표를 갖다주면
 틀림없이 맞아죽을 것만 같았슴돠. 그래서 전 머리를 썼슴
 돠. 저녁때였슴돠. 전 아버지께 곰인형 하나를 선물한 후 성
 적표를 건네주었슴돠. 성적표를 받아본 아버지는 화가나자 예
 상했던 대로 방금 전 선물로 건네준 인형을 저에게 집어 던지
 셨슴돠. 그 순간, 곰인형이 하는 말.

.
.
.
.
.
.
.
.
.
.

"알라뷰~ 알라뷰~"

수다맨의 일기 3

X월 X일 X요일 날씨: 알쏭달쏭.

오늘 시험을 봤는데 맹구가 또다시 꼴찌를 했슴돠.

맹구는 이를 비관하여 자살을 결심하고 학교 옥상으로 올라갔슴
돠.

선생님을 비롯한 구조대원들이 달려와 설득을 했지만 아무 소용
이 없었슴돠.

보다 못한 제가 단독으로 설득해 보겠다며 옥상으로 올라갔슴
돠. 10분도 안돼서 맹구를 옥상 아래로 무사히 끌고 내려오자
선생님을 비롯한 구조대원들이 믿을 수 없다는 표정으로 제
게 물었슴돠.

"자네가 친구를 구했네! 정말 대단해!! 그런데 어떻게 설득을 했
길래 맹구가 순순히 내려오던가?"

그래서 전 다음과 같이 말해주었슴돠.

"짜식이! 다음주에 나랑 주번인데 죽으려고 하잖아요! 그래서 죽
을땐 죽더라도 주번 끝나고 나서 죽으라고

했더니 순순히 절 따라 내려오더군요."

수다맨의 일기 4

X월 X일 X요일 날씨: 알송달송.

모처럼 만에 맹구네 집으로 놀러 갔슴돠.
그런데 아주 신기한 것을 목격하게 됐슴돠. 맹구네 집에는 '영구
  '라는 강아지가 한 마리 있는데 이상하게 '멍멍'하고 짖는
  것이 아니라 '야옹~'하고 짖는 것이었슴돠.
전 너무 어처구니가 없어서 맹구에게 어떻게 된 일이냐며 물었슴
  돠.
그러자 맹구는 대수롭지 않은 표정으로 이렇게 말했슴돠.

  .
  .
  .
  .
  .
  .
  .
  .
  .
  .

"영구 녀석 요즘 외국어 배우고 있어!"

수다맨의 일기 5

X월 X일 X요일 날씨: 흐리멍텅.

엄마가 요즘 이상함돠.

자신을 자꾸만 엘리베이터라고 생각하는 것이었슴돠. 전 엄마
가 걱정되어 정신과를 찾아가 상의를 했슴돠. 의사는 너무 걱
정하지 말고 엄마를 병원으로 모셔오라고 했슴돠. 그래서 전
의사에게 다음과 같이 말했슴돠.

.
.
.
.
.
.
.
.
.
.

"그건 불가능함돠! 지금 전기가 나가서 엄마가 움직일
수가 없걸랑요."

수다맨의 일기 6

X월 X일 X요일 날씨: 흐림.

점심시간이었습돠.
맹구가 절 조용히 밖으로 불러냈습돠. 그리고는 자신의 고민을
　　털어놨습돠.
"이거 너한테만 말하는 건데, 난 내가 자꾸 닭이라는 생각이 들
　　어."
"이크! 이거 정말 큰일인데! 언제부터 그런 생각을 했니?"
그러자 맹구가 심각한 표정으로 말하길.

　　　　·
　　　　·
　　　　·
　　　　·
　　　　·
　　　　·
　　　　·
　　　　·
　　　　·
　　　　·

"계란 껍질속에 갇혀 있을 때부터!"

수다맨의 일기 7

X월 X일 X요일 날씨: 흐림.

사실 전 양쪽 발가락이 각각 여섯 개 임돠.

이 사실을 숨기고 여자친구인 하니와 계속 사귀려하니 도저히
   견딜 수가 없었습돠. 그래서 하루는 큰맘 먹고 하니를 불러
   내 이렇게 말했습돠.

"사실은 내 두 발가락 합친 수에서 네 두 발가락 합친 수를 더하
   면 스물 두개가 돼."

그러자 하니는 깜짝 놀라며 다음과 같이 되물었습돠.

.

.

.

.

.

.

.

.

.

.

.

"그럼 너 발가락이 4개씩밖에 없는 거야?"

수다맨의 일기 8

X월 X일 X요일 날씨: 흐릴까 말까.

집으로 가는 마을버스를 탔을 때였슴돠.
버스비를 내려고 보니 주머니에 단 돈 50원 밖에 없었슴돠. 전
　망설이다가 가장 불쌍한 표정을 지으며 기사 아저씨에게 부탁
　했슴돠.
"아자씨! 제가 지금 50원밖에 없걸랑요."
"그런데?"
"손님도 없고 자리도 텅텅 비었는데 50원만 받고 그냥 태워주
　시면 안될까요?"
그러자 기사 아저씨 주저 없이 다음과 같이 말했슴돠.

．
．
．
．
．
．
．
．
．
．

"그럼 서서 가!"

수다맨의 일기 9

X월 X일 X요일 날씨: 햇볕 쨍.

마을버스에 탔을 때였슴돠.
출발한 시간이 됐는데도 운전 기사는 계속해서 딴전만 피우고
　있었슴돠. 전 화가나서 다음과 같이 소리쳤슴돠.
"아이씨, 이 똥차 언제 떠나는 거야?"
그러자 운전 기사는 태평스런 표정으로 다음과 같이말하는 것이
　었슴돠.

"야 이눔아! 똥이 다 차야 떠나지."

수다맨의 일기 10

X월 X일 X요일 날씨: 흐림.

어제 맹구가 우울해 보이는 것 같아서 재미있는 이야기를 하나
　해주었슴돠.
"울 엄마가 아이를 낳았는데 내 동생도 아니고 내 누나도 형도
　아냐. 그럼 누구 게?"
"글쎄..."
"히히, 그건 바로 나야!"
오늘 점심시간 때였슴돠. 맹구가 하니를 상대로 전날 내가 말해
　주었던 이야기를 그대로 해주는 것이었슴돠.
"우리 엄마가 아이를 낳았는데 내 동생도 아니고 누나도 형도 아
　냐. 그럼 누구 게?"
"몰라. 그게 누군데?"
그러자 맹구는 자신있게 다음과 같이 말했슴돠.
.
　　.
　　.
　　.
　　.
　　.
　　.
　　.
.
."바로 수다맨 녀석이야."

수다맨의 일기 11

X월 X일 X요일 날씨: 환장하게 맑음.

오늘 학교에서 부시대통령에 관해 글짓기를 지어오라고 했슴돠.
전 너무 막막했슴돠. 저녁을 먹으면서 뉴스를 시청하고 있을 때
　였슴돠.
미국 전투기들이 뉴욕 쌍둥이 빌딩 테러범 빈 라덴을 죽이기 위
　해 지하동굴을 융단 폭격하는 장면이 나왔슴돠.
그러자 옆에서 같이 식사를 하던 할머니가 이 장면을 보시더니
　다음과 같이 말하는 것이었슴돠.

.

.

.

.

.

.

.

.

"정말 잘 때려 부시네!"

수다맨의 일기 12

X월 X일 X요일 날씨: 흐림.

맹구와 한강공원을 나란히 걷고있을 때였슴돠.
갑자기 어디에서 '살려 줘!' 하는 소리가 들려왔슴돠. 소리나는
　곳으로 달려가 보니 유치원생으로 보이는 어린이가 강물에
　빠져 허우적대고 있었슴돠.
물개란 별명이 붙은 맹구가 이 광경을 보고는 물속으로 급히 뛰
　어들었슴돠. 그러나 맹구는 어린애를 구하지 않고 다시 강가
　로 헤엄쳐 나왔슴돠. 전 너무 의아해서 맹구에게 물었슴돠.
"왜 안 구해주고 그냥 되돌아왔어?"
그러자 맹구는 신경질적인 반응을 보이며 다음과 같이 말하는
　것이었슴돠.

.
　.
　.
　　.
　　.
　　.
　　.
　.
.

"쥐방울만한 녀석이 계속해서 반말하잖아. '살려줘!'라고 말야...
　"

수다맨의 일기 13

X월 X일 X요일 날씨: 꿀꿀.

자연 시간이었습돠.
선생님이 학생들을 보며 다음과 같이 열심히 설명을 하고 있었
  습돠.
"아 예, 그러니까 말이죠. 물체에 열을 가하면 그 부피는 커진답
  니다.
바람 빠진 공 주위를 뜨거운 열로 가하면 팽팽해지는 이치와 같
  은 것이지요."
이때였습돠. 맨 뒷자리에 앉아있던 맹구가 입술을 씰룩거리며
  손을 번쩍 들었습돠. 그리고는 의아한 표정으로 다음과 같이
  말했습돠.

.
.
.
.
.
.
.
.
.

"선생님! 근데 왜 오징어는 가스불 위에 올려놓으면 바짝 쪼그
  라드나요?"

수다맨의 일기 14

X월 X일 X요일 날씨: 구름.

맹구와 자장면 한 그릇 시켜서 먹게 되었슴돠.
그런데 서로 많이 먹으려다가 그만 싸우게 되었슴돠. 한참을 치
　열하게 싸우는데 맹구가 갑자기 자장면 그릇에 침을 '퉤'하
　고 뱉는 것이었슴돠.
"우와! 이제 이 자장면은 모두 내꺼다."
전 너무 열 받아서 덩달아 자장면 그릇에 침을 연속해서 '퉤!
　퉤!' 뱉어 버렸슴돠.
"이러면 네 놈도 더러워서 못 먹겠지?"
그러나 맹구는 이에 아랑곳하지 않고 마지막 한 가닥 남은 자장
　면까지 깨끗하게 해치웠슴돠.
전 어이없다는 표정을 지으며 맹구에게 다음과 같이 말해주었슴
　돠.

　　　.

　　　.

　　　.

　　　.

　　　.

　　　.

　　　.

　　　.

　　　.

"근데 어쩌냐! 아까 내가 뱉은 건 가래침인데..."

수다맨의 일기 15

X월 X일 X요일 날씨: 찌뿌둥.

오늘 산수시험을 봤습돠.
"2-2=?"
라는 문제가 나왔습돠. 전 다급하게 쓰다가 0을 쓴다는 것을 그
    만 '빵'이라고 썼습돠.
그러자 옆에서 이를 훔쳐본 토마스는 똑같이 쓰면 선생님이 컨닝
    해서 썼다고 혼날까봐 '단팥빵'이라고 썼습돠.
오늘 오후였습돠. 선생님이 채점한 시험지를 보여주었는데 토마
    스 옆에 앉아있던 맹구의 답안지에는 다음과 같이 쓰여져 있
    었습돠.

"디지몬 빵! 스티커가 들어있어서 짱이와요~"

수다맨의 일기 16

X월 X일 X요일 날씨: 오락가락 종잡을 수 없음.

지금은 새벽 4시임돠. 너무 억울하고 속상해서 아직도 잠이 안
    옴돠.
오늘 학교에서 "돌다리도 두들겨 보고 건너라!"라고 배웠슴돠.
    기래서 학교에서 돌아 오는 길에 다리가 있길래 두들겨보다가
    밤 12시가 다되어서야 집으로 돌아왔슴돠.
그런데 엄마는 쥐방울만한 놈이 늦게까지 싸돌아다닌다고 마구
    두들겨 패기 시작했슴돠. 기래서 전 그동안 있었던 일을 사실
    대로 다 말했슴돠.
그러자 엄마는 '너 바보 아니냐'며 방금 전보다 더 무식하게 두
    들겨 팼슴돠. 평생 얻어맞을 매를 오늘 가불해서 다 얻어맞았
    슴돠. 넘 억울했슴돠. 내일 학교에 가서 선생한테 따질 작정
    임돠.
돌다리 두 번 두들겨 보고 건너다가는 엄마한테 맞아죽기 딱 십
    상이라고요.

수다맨의 일기 17

X월 X일 X요일 날씨: 약간 비.

오늘 선생님한테 전날 있었던 돌다리 애기를 하면서 대들다가
어제 엄마한테 얻어맞았던 부위를 또다시 얻어 맞았슴돠. 넘
아파서 죽는 줄 알았슴돠.
수업시간있슴돠. 선생님이 갑자기 저더러 안중근 의사를 죽인
사람이 누구냐고 물었슴돠. 전 그런 의사가 누군지 모른다고
했슴돠. 절대로 그런 의사 죽인 적 없다고 했슴돠.
선생님은 고개를 절래절래 흔들더니 낼 학교 올 때 아빠를 모시
고 오라 했슴돠. 기래서 오늘 아빠를 모시고 학교로 갔슴돠.
선생님으로부터 자초지종을 들은 아빠는 믿을 수 없다는 표정을
지으며 선생님께,
"선상님! 제 아들놈이 공부도 못하고 뺑도 좀 센 편이기는 하지
만 절대로 그럴 놈이 아님돠."라고 말했슴돠.
선생님은 질렸다는 표정으로 나와 아빠를 번갈아 쳐다보시더니
'부전자전'이라고 혀를 끌끌 찼슴돠.
집으로 돌아오는 길에 아빠가 제게 조심스럽게 물었슴돠.
"너 정말 그 안중근인가 하는 그 의사 죽이지 않았니?"
전 너무 억울하고 기가 막혀서 차라리 아무 말도 하지 않았슴돠.
그러자 아빠는 무슨 생각인가를 골똘히 하더니 진지한 표정
으로 다음과 같이 말씀하시는 것이었슴돠~

"그러지 말고 네가 죽였으면 우리 자수하자!"

수다맨의 일기 18

X월 X일 X요일 날씨: 대체적으로 맑은 편.

오늘은 주일날이어서 교회에 갔슴돠.
예배중에 목사님이, "천국가고 싶은 어린이 손들어 봐요!"
했슴돠. 모두들 손을 들었슴돠. 하지만 전 손을 들을 수 없었슴
　　돠.
"수다맨 어린이는 천국 가기 싫어요?"
전 목사님의 질문에 다음과 같이 대답했슴돠.

　　．
　　．
　　．
　　．
　　．
　　．
　　．
　　．
　　．
　　．
　　．

　　．

"엄마가 오늘 예배 끝나는 대로 곧장 집으로 오라고 했걸랑요
　　~~~"

수다맨의 일기 19

X월 X일 X요일 날씨: 안개비.

몸이 몹시 허약해진 것 같아서 새벽마다 일어나 운동을 하기로
　했습돠.
한달 정도 정말 열심히 운동을 했을 때였습돠. 근육이 제법 나오
　는 것이 누구랑 붙어도　자신 있을 것만 같았습돠. 예전에는
　약수터에 혼자 가는　것이 겁났지만 이젠 깡패를 만나도 전혀
　겁날 것 같지 않았습돠.
오늘 아침이었습돠. 평소　때와 마찬가지로　약수터로 운동하러
　가는데 인상 무지 더럽게　생긴 깡패 세 명이 절 불렀습돠. 전
　가소로운 표정을 지으며　그들 앞으로 갔습돠.
그러자 무리들 중　가장 인상이　더럽게 생긴 녀석이 제 몸매를
　쓰윽 한 번 훑어보면서,"야, 너도 운동하냐?"
하고 비웃듯이 말하는 것이었습돠.
한 성깔하는 전, 놈의 얼굴을 매서운 눈초리로 째려보며 다음과
　말해 주었습돠.

·
·
·
·
·
·

"아뇨... 전...실내화인디유~"

104

수다맨의 일기 20

X월 X일 X요일 날씨: 무지 더움.

학교에서 돌아오다가 엿장수 아저씨를 만나게 되었슴돠.
어떤 꼬마가 200원을 내자 아저씨는 엿가락 10개를 주었슴돠.
  잠시후, 다른 어린이가 다가와 100원을 내자 이번에도 역시
  엿가락 10개를 주는 것이었슴돠. 옆에 서서 가만히 지켜보
  니 1000원을 내든 10원을 내든 인심 좋게 생긴 아저씨는 무
  조건 엿가락을 10개나 주는 것이었슴돠.
전 주머니에서 10원짜리 동전을 꺼내 아저씨께 건네주며 엿을
  달라고 했슴돠. 그런데 어찌된 일인지 아저씨는 엿 줄 생각을
  하지 않는 것이었슴돠. 전 화가 나서 아저씨께 따졌슴돠.
"아저씨! 왜 엿 안 줘요?"
"10원어치는 안 팔어!"
"방금 전엔 팔지 않았슴까? 근데 왜 저한테만 안 판다는 거죠?"
그러자 아저씨는 인상을 팍 쓰며 다음과 같이 말하는 것이었슴
  돠.
.
.
.
.
.
"엿장수 마음이다, 왜?!"

수다맨의 일기 21

X월 X일 X요일 날씨: 우중충충.

오늘 정말 황당한 일을 겪었습돠. 전철을 타고오는데 거지 한 명
이 나타났습돠. 그는 특이하게도 모자 두 개를 내밀고 구걸
을 하는 것이었습돠. 전 그 중의 한 모자에 100원짜리 동전을
넣으며 물었습돠.
"모자를 왜 두 개씩이나 가지고 다닙니까?"
그러자 거지는 망설임 없이 다음과 같이 말하는 것이었습돠.

.

.

.

.

.

.

.

.

.

"사업이 날로 번창해서 체인점을 하나 더 냈습죠!"

수다맨의 일기 22

X월 X일 X요일 날씨: 쨍쨍.

오늘 아침에 화장실에서 신문을 봤더니 이런 기사가 났슴돠.

<공포의 병 출현. 발생 즉시 퉁퉁 붓고 피가 나옴>
전 두려움에 치를 떨다가 혹시나 해서 화장실 안에 있는 거울을
　들여다 봤슴돠.
세상에! 우째이런일이!!!!
제 얼굴이 기사에 나온 공포의 병 증상과 똑같은 것이었슴돠. 전
　너무 무서워서 아파트 베란다로 달려가 4층에서 뛰어내리고
　말았슴돠. 전 그 즉시 병원으로 실려갔슴돠.
자살을 시도했지만 죽지 않고 기적적으로 살아난 전 의사를 붙
　잡고 미친 듯 울부짖었슴돠.
"의사 선생님! 제 얼굴에 난 상처와 핏자국을 좀 보세요! 전 이제
　어떻게 되는 겁니까? 곧 비참한 최후를 맞이하게 되겠죠?"
그러자 의사는 담담한 표정으로 다음과 같이 말하는 것이었슴
　돠.
　．
　．
　．
"앞으로, 모기 물린 부위를 자꾸 긁지 마세요! 덧나면 보기 흉해
　지니까요..."

수다맨의 일기 23

X월 X일 X요일 날씨: 맑음.

수업이 한창 진행되고 있을 때였슴돠.
교실 주변이 매케한 냄새로 뒤덮이는 것과 동시에 검은 연기가
　치솟아 오르기 시작했슴돠.
불이 난 것임돠. 불길이 점점 거세지고 있는 가운데, 학생들은
　자지러지게 비명을 지르며 교실 밖으로 뛰쳐 나갔슴돠.
그러나 전 숨이 막혀 금방이라도 질식해 버릴 것만 같았지만 교
　실 안에서 한 발자국도 움직이지 않았슴돠. 심장이 금방이라
　도 터져 버릴 듯한 답답함이 느껴질 때였슴돠.
밖으로 대피한 선생님이 열려진 창문을 통해 빨리 나오라고 손짓
　하는 모습이 보였슴돠. 전 죽을힘을 다해 선생님이 보이는 창
　쪽으로 기어갔슴돠. 그리고는 마지막 남은 힘을 다해 선생님
　께 다음과 같이 소리 질렀슴돠. .

．
　．
　．
　．
　．
　．
　．

"선생님! 저 주번인데 나가도 돼요!!!!"

수다맨의 일기 24

X월 X일 X요일 날씨: 흐림.

내 짝꿍인 맹구는 화장실에 다녀오면 항상 손을 깨끗이 씻고는
　하였슴돠. 정말 청결함이 돋보이는 학생임돠.
그런데 어찌된 일인지 오늘은 화장실에 다녀왔는데도 손을 씻지
　않는 것이었슴돠. 전 너무 궁금해서 맹구에게 그 이유에 대해
　서 물어봤슴돠. 그러자 맹구는 다음과 같이 말하는 것이었슴
　돠.

　　　·
　　　·
　　　·
　　　·
　　　·
　　　·
　　　·
　　　·
　　　·
　　　·
　　　·

"그건 말야. 오늘은 화장실 갈 때 휴지를 가지고 갔기때문이야!"

수다맨의 일기 25

X월 X일 X요일 날씨: 비 주룩주룩.

아버지가 갑자기 거품을 물고 쓰러지셨슴돠.

급한 나머지 옆집에 사는 맹구 아버지를 불러왔슴돠. 의사인 맹
  구 아버지는 방문을 걸어 잠그더니 분주하게 움직이면서 저
  더러 송곳을 가지고 오라 했슴돠. 그러더니 잠시 후에는 벤찌
  를 가지고 오라 했슴돠. 그 다음에는 드라이버, 망치 등을 계
  속 가져오라 했슴돠.

급기야는 전기톱까지 가지고 오라 했슴돠. 전 너무 무서워서 맹
  구 아버지를 붙잡고 울먹이며 물었슴돠.

"아저씨! 전기톱으로 우리 아버지를 어떻게 하시려고 그러세
  요?"

그러자 맹구 아버지는 깊은 한숨을 내쉬더니 다음과 같이 말씀
  하시는 것이었슴돠.

"니 아버지를 어떻게 하려는게 아냐. 진료 가방이 안 열려서 그
  만..."

수다맨의 일기 26

X월 X일 X요일 날씨: 한때 흐리고 비.

우리 엄만 지독한 자린고비임돠.

응가를 하고 나서 화장지 두 장을 사용하면 그 날부로 사형임돠. 한 장을 뜯어서 구멍을 뚫은 후 손가락으로 응가를 닦은 후 화장지로 닦아내야 할 정도임돠. 양치가 끝난 후 두 번 이상 행굼질하면 비오는 날 먼지 나도록 얻어맞습돠.

이 정도 구두쇠이다 보니 식사 때 반찬이라고 해봤자 간장 한 종지가 전부임돠. 오늘 아침이었습돠.

'밥 한 숟가락에 간장은 한번씩 찍어먹어야 한다'는 철칙을 어기고 누나가 그만 밥 한 숟가락에 간장을 두 번씩이나 찍어 먹었습돠. 평소 때 같았으면 맞아 죽고도 남을 엄청난 사건이었습돠. 기런데 어찌된 일인지 오늘은 엄마가 아무런 반응을 보이지 않는 것이었습돠. 저는 너무 의아해서 엄마에게 물었습돠.

"누나가 두 번씩이나 간장을 찍어 먹었는데도 왜 안 혼내는 거야?"

그러자 엄마는 대수롭지 않은 표정으로 다음과 같이 말하는 것이었습돠.

"오늘이 니 누나 생일이잖어!"

수다맨의 일기 27

X월 X일 X요일 날씨: 춥고 배고픔.

자린고비 엄마 때문에 제대로 된 음식 한 번 못 먹은전, 너무 배
    가 고픈 나머지 이웃집 마당에 난 풀을 닥치는 대로 뜯어 먹었
    슴돠.
한참을 뜯어먹고 있는데 주인 아주머니가 나타나 제게 물었슴
    돠.
"이봐 학생! 지금 뭐하는 건가?"
"너무 배가 고파서 풀을 뜯어 먹고 있는 중이었슴돠."
이 세상에서 가장 불쌍한 표정을 지으며 이렇게 대답하자 아주머
    니는 절 데리고 뒤뜰로 갔슴돠. 그러더니 상냥한 목소리로 다
    음과 같이 말했슴돠.

.

.

.

.

.

.

"이쪽 풀이 더 연하고 부드러워!"

수다맨의 일기 28

X월 X일 X요일 날씨: 맑음.

믿을 수 없는 일이 일어났슴돠.
오늘 아침 식탁에 김치가 올라온 것임돠. 비록 달랑한 조각이었
　지만 맨날 간장만 찍어먹다 김치를 보니 감회가 무척이나 새
　로웠슴돠. 비장한 긴장감이 흐르는 가운데 식구들의 시선은
　모두 김치 한 조각에게 쏠려졌슴돠.
과연 누가 먹게 될 것인가? 서로 먼저 먹기 위해 막 쟁탈전을 하
　려는 순간이었슴돠. 갑자기 천장이 내려앉는 듯한 엄마의 외
　침소리가 쩌렁하게 들렸슴돠.

．
．
．
．
．
．
．
．
．
．

"찢어!!!"

수다맨의 일기 29

X월 X일 X요일 날씨: 대체로 흐림.

수업시간이었슴돠.
선생님이 지구본이라는 것을 가지고 들어왔슴돠. 선생님은 지구
　본을 교탁 위에 올려놓더니 맹구에게 물었슴돠.
"이봐 맹구! 지구본은 왜 기울어 있나?"
그러자 맹구는 얼굴이 새파랗게 질려,
"우와~ 너무 억울해와요! 결단코 제가 안 그랬단 말이와요."
라고 했슴돠. 제가 보기에도 맹구의 잘못이 아닌 것 같았슴돠.
　곤경에 처한 친구를 도와주기 위해 이번에는 제가 나섰슴돠.
"맹구 말이 맞슴돠! 기거 사올 때부터 원래 그렇게 짜부러져 있
　었슴돠."
선생님은 기가 막힌다는 표정으로 혀를 끌끌 찼슴돠. 기래서 전
　선생님에게 다음과 같이 말했슴돠.

．
　．
　．
．
　．
　．
．

"제가 가서 축구공처럼 둥글둥글한 새것으로 바꿔 올까요?" ．

114

수다맨의 일기 30

X월 X일 X요일 날씨: 알쏭달쏭.

오늘 저녁때였슴돠.
전 하나님께 하리수 같이 예쁜 여자를 친구로 보내달라고 기도를
  했슴돠.
그러자 하늘에서 여자하나가 뚝 떨어졌슴돠. 여자는 절 보더니
  갑자기,
"자~자자자자 가갸~"
하면서 덤벼드는 것이었슴돠.자세히 보니 그 여자는 바로 황마
  담이었던 것이었슴돠~~~

수다맨의 일기 31

X월 X일 X요일 날씨: 흐릴뚱 말뚱.

버스를 탔습돠. 몸이 몹시 불편해 보이는 할머니가 다음 정거장
  에서 탔습돠. 그러나 학생들을 비롯한 젊은사람들 누구 하나
  자리를 양보하지 않는 것이었습돠.
이때였습돠. 보다 못한 맹구 아버님이 자리에서 벌떡 일어나 할
  머니에게 말했습돠.
"할머니 여기 앉으세요!!!"
할머니는 괜찮다면서 자리에 앉으려하지 않았습돠. 하지만 시민
  정신이 투철한 맹구 아버님은 거의 막무가 내로 할머니를 방
  금 전 자신이 앉았던 자리에 앉히고야 말았습돠.
그러자 할머니는 얼굴이 빨갛게 달아오른 상태에서 맹구 아버
  님께 다음과 같이 말하였습돠.
"어이쿠! 고맙기도 해라! 근디 나 운전할줄 몰러~"

수다맨의 일기 32

X월 X일 X요일 날씨: 아마 흐릴걸.

오늘 내가 짝사랑하는 하니의 남동생을 만났슴돠.
햄버거를 사주며 하니의 남동생에게,
"야, 내가 천 원 줄테니까 니네집 전화번호 좀 가르쳐 줄래?"
하고 물었슴돠. 그러자 하니의 남동생은 저를 쓰윽 쳐다보며 다
  음과 같이 말하였슴돠.

"형씨! 내가 이천 원 줄 테니까 우리누나 포기하는 게 어떠셔!"

수다맨의 일기 33

X월 X일 X요일 날씨: 맑음.

맹구가 오늘 우리 반 애들이 보는 앞에서 당수로 기와 20장을
　단 한 번에 깨는 시범을 보여주었습돠. 그러나 안타깝게도 실
　패를 했습돠. 다음에는 주먹으로 격파를 시도했지만 또다시
　실패했습돠. 기와를 깨려면 요령이 있어야 하는데 미련 맞은
　맹구는 무조건 힘으로만 하려고 했습돠.
계속 실패를 하자 보다 못한 전 맹구 옆으로 다가가 귓속말로 이
　렇게 속삭였습돠.
"얌마, 미련 맞게 힘으로만 하지말고 머리를 써, 머리를..."
제 말이 끝나기가 무섭게 맹구는 자신 앞에 놓여져 있던 기와
　20장을 단번에 깨뜨려 버렸습돠. 머리로...

수다맨의 일기 34

X월 X일 X요일 날씨: 여우비.

잠을 자고 있을 때였슴돠.
갑자기 어디에선가 토끼 한 마리가 나타나서 제게 말했슴돠.
"야, 당근 좀 주라!"
전 귀찮아서,
"없어!"하고 짤막하게 말한 후 다시 잠자리에 들었슴돠.
그런데 다음날 잠을 자는데 또 그 토끼가 나타나,
"야, 당근 좀 있으면 좀 주라!"
하는 것이었슴돠. 전 전날과 마찬가지로 귀찮아서,
"임마, 그딴 거 없어!"
하고 신경질적으로 소리 질렀슴돠. 그러자 토끼는 잠시 생각하
    더니 이렇게 묻는 것이었슴돠.
"그럼 못은 있어?"
"못은 모하게?"
"당근 대신 못이라도 먹게."
"못을 먹는다구!"
전 깜짝놀라서 그제야 비로소 토끼를 자세히 살펴봤슴돠. 두 눈
    이 축 처진 상태에서 기분 나쁘게 날 째려 보고 있는 것은 바로
    '엽기토끼'였던 것이었슴돠~

수다맨의 일기 35

X월 X일 X요일 날씨: 흐릴뚱 말뚱.

교회에서 어린이 예배가 끝난 주일 오후였습돠.
맹구가 내게로 오더니,
"너 천당가고 싶니?"
하고 묻는 것이었습돠.
그래서 전 당연히,
"그거야 당연하지."
하고 대답했습돠.
그랬더니 갑자기 맹구가 달려들어 제 목을 조르며 다음과 같이
    소리치는 것이었습돠.

.

.

.

.

.

.

.

.

.

.

.

.

"그럼 내가 널 지금 천당으로 보내주마!!!"

수다맨의 일기 36

X월 X일 X요일 날씨: 흐릴걸.

선생님이 학생들에게 월드컵 16강 염원을 담은 표어를 하나를
　작성해 오라고 숙제를 내 주셨슴돠.
아이들은 갖가지 아이디어로 표어를 써서 제출했슴돠.
"일본은 예선탈락 한국은 우승!"
"16강은 따논 당상, 우승은 선택" 등등... 그 외 여러가지...
그런데 맹구가 써온 표어를 보고 선생님은 물론 학생들까지 그
　황당함을 어쩔 줄을 몰라 했슴돠.

.
　.
　.
　.
　.
.
.
.
　.

.

"똥개도 자기 집 앞에서는 50% 먹고 들어간다!
-_-+"

수다맨의 일기 37

X월 X일 X요일 날씨: 맑을걸.

버스를 타고 엄마 심부름을 갈 때였슴돠.
버스 기사가 갑자기 큰소리로 웃기 시작했슴돠. 승객들은 깜짝
　놀라 서로 얼굴만 쳐다보고 있었슴돠.
버스 기사가 계속해서 웃자 할아버지 한 분이 왜 그렇게 실없이
　웃느냐고 물었슴돠.
그러자 버스 기사는 방금 전 보다 더 호쾌하게 웃으면서 다음과
　같이 말하는 것이었슴돠.

"오늘 비로소 정신병원에서 무사히 탈출하는데 성공했걸랑요!
　음푸하하하!!!"

수다맨의 일기 38

X월 X일 X요일 날씨: 어두침침.

눈을 떠보니 저승이었슴돠.
전 가슴이 철렁했슴돠. 저승사자는 절 시계가 엄청나게 많은 곳
　으로 데리고 갔슴돠.
그런데 이상한 것은 어떤 시계는 천천히 돌아가는데, 또 어떤 시
　계는 무지 빨리 돌아가는 것도 있었슴돠.
전 이상하게 생각되어 저승사자에게 그 이유에 대해 물어봤슴
　돠. 그러자 저승사자는,"죄를 많이 지은 사람의 시계일수록
　빨리 돌아간다!"
라고 말하는 것이었슴돠. 그래서 전 조심스럽게,"그럼 제 시계는
　어디 있나요?"
하고 물었슴돠. 그러자 저승사자는 다음과 같이 말하는 것이었
　슴돠.

　.
　.
　.
　.
　.
　.
　.
　.
　.

"네 것은 시방 선풍기로 쓰고 있느리라!!!"

수다맨의 일기 39

X월 X일 X요일 날씨: 흙비.

다시 눈을 뜨니 병원 응급실이었슴돠.
제 몰골을 보니 말이 아니었슴돠. 성한 곳이 단 한군데도 없었슴
　돠.
전 간호사에게 물었슴돠.
"이, 이게 어떻게 된 거죠?"
"어제 학생이 탄 버스가 벼랑 아래로 굴러 떨어져서 그래."
"그럼 버스에 탔던 다른 사람들은요? 저 말고도 다친 사람이 더
　있나요?"
"아니, 없어!"
제가 안도의 한숨을 막 내쉬려 할 때였슴돠. 간호사 누나가 절
　보며 다음과 같이 말하는 것이었슴돠.

　.
　　.
　　.
　　.
　　.
　.
　　.
　.
　.

"모두 사망했어!"

수다맨의 일기 40

X월 X일 X요일 날씨: 콜록.

엄마 심부름으로 과일을 사기 위해 시장엘 갔습돠.
아주 먹음직스러운 과일을 팔고있는 아주머니께,
"이 사과 한 개에 얼마입니까?"
하고 물었습돠. 그러자 아주머니는,
"그거 한 개에 천 원이야."
하는 것이었습돠. 전 너무 비싸게 생각되어져서,
"에이, 너무 비싸요! 그러지 말고 좀 깎아주세요!!!" 하고 아양 떨
　　었습돠.
그러자 아주머니는 주위를 두리번거리더니 다음과 같이 말하는
　　것이었습돠.

"이거 어떡하지! 깎아주고 싶어도 칼이 없네!!!"

수다맨의 일기 41

X월 X일 X요일 날씨: 우중충.

생전 처음 바닷가를 갔다왔슴돠.
집으로 돌아오는 길에 기념으로 콜라 병에 바닷물을 담아왔슴
　돠.
"근데 왜 콜라 병에 물을 반만 채워왔니? 이왕이면 하나 가득 채
　워오지 않구?"
엄마가 의아한 표정으로 이렇게 묻자. 전 답답하다는듯 다음과
　같이 대답했슴돠.

"엄만! 밀물 때가되면 자연히 물이 불어날텐데 뭐!!!"

수다맨의 일기 42

X월 X일 X요일 날씨: 상큼.

우리 엄만 아침마다 아빠 넥타이를 손수 매어 드림돠.
그런데 이상한 것은 그때마다 아빠를 침대로 끌고 가서 그 위에
　눕힌 후 매어준다는 것임돠.
전 넘 이상해서 아빠가 출근한 후에 엄마에게,
"왜 아빠를 꼭 침대 위에 눕힌 후에 넥타이를 매어 드려요!"
하고 물었슴돠. 그러자 엄마는 대수롭지 않은 표정을 지으며 다
　음과 같이 말하는 것이었슴돠.

"그건 말이다, 이 엄마가 예전에 장의사였기 때문이란다!"

수다맨의 일기 43

X월 X일 X요일 날씨: 장대비.

오늘 엄마는 백일 집에서 얻어서 떡을 우리들에게 나눠줬슴돠.
그런데 다른 사람들은 모두 두 개씩 주었는데 저만 이상하게 세
    개를 주는 것이었슴돠. 떡을 먹으려던 전 너무 화가 나서 엄마
    한테 씩씩거리며 대들었슴돠.
"우쒸! 엄만 내가 그렇게도 미워?"
"그게 갑자기 무슨 소리니?"
"왜 나만 떡 하나 더 주는 거야? 옛말에 '미운 놈 떡하나 더 준
    다'고 그러잖아!"

전 오늘 엄마한테 떡을 다 빼앗긴 후 정말 원 없이 한 번 맞았슴
    돠~

수다맨의 일기 44

X월 X일 X요일 날씨: 햇살.

버스를 탔는데 갑자기 방귀가 나왔슴돠.
전 너무 당혹스러워서 순간적으로 똥꼬에 힘을 주며 소리가 나
    지 않도록 몸을 배배 꼬았습니다.
다행히 소리가 나지 않았슴돠. 제가 안도의 한숨을 막 내쉬려 할
    때였슴돠.
갑자기 옆에 있던 맹구가 큰소리로 다음과 같이 말하는 것이었슴
    돠.

"야, 자쓱아! 소리는 그렇다치고 냄새는 우짤래?"

수다맨의 일기 45

X월 X일 X요일 날씨: 잘 모르겠슴.

친구들과 학교 잔디밭에서 놀고 있을 때였슴돠.
하니가 버려진 램프 하나를 발견 했슴돠. 잠시 후, 하니가 별다른
　생각 없이 램프를 문지르자 '펑!' 소리와 함께 거인이 나타났
　슴돠.
거인이 소원을 말하라고 하자 하니는 엄마 있는 곳으로 데려다
　달라고 했슴돠.
'뿅!' 소리와 함께 하니는 엄마가 있는 곳으로 보내졌슴돠. 그러
　자 옆에서 이를 신기하게 지켜보던 갈갈이가 램프를 문질러
　봤슴돠.
거인이 다시 나타나자 갈갈이는 평소 자신이 좋아하던 가수 지
　오디가 있는 곳으로 보내 달라고 했슴돠.
'뿅!' 소리와 함께 갈갈이는 지오디가 있는 곳으로 보내졌슴돠.
잠시후였슴돠. 잔디밭에 누워서 잠자고 있던 맹구가 눈을 비비
　며 일어나다가 잘못해서 램프를 건드렸슴돠. 거인이 나타나
　소원을 말하라고 하자 맹구는 잠이 덜 깬 목소리로 다음과 같
　이 말했슴돠.

　•

　•

　•

　•

　•

"하니와 갈갈이가 안보이네! 야, 퍼뜩 가서 두 사람좀 데려 와!"

수다맨의 일기 46

X월 X일 X요일 날씨: 흐릴뚱 말뚱.

맹구와 모처럼 만에 탁구 시합을 했슴돠.

첫째 판은 내가 이기고 둘째 판은 맹구가 이긴 가운데 드디어 대망의 세 번째 판이 막 시작되었슴돠. 공이 앞으로 날아오자 전 죽을힘을 다해 강스파이크를 날렸슴돠. 그러나 넘 세게 치려다가 그만 탁구채가 손아귀에서 빠쳐나갔슴돠.

빠른 속도로 날아가던 탁구채는 맞은편에 있던 맹구의 얼굴에 정확하게 맞았슴돠. 맹구는 자지러지는 비명을 지르며 뒤로 나자빠졌슴돠. 잠시후였슴봐. 맹구는 피투성이 된 얼굴로 자리에서 일어나더니 절 무섭게 째려보며 다음과 같이 말하는 것이었슴돠.

"1대 0이다잉~~~"

수다맨의 일기 47

X월 X일 X요일 날씨: 안개비.

맹구와 초콜릿을 앞에 놓고 한창 설전을 벌리고 있을때였슴돠.
배달갔다 오던 '꽃다방' 황마담 누나가 우리 곁으로 다가와 왜
　싸우느냐고 물었슴돠. 그러자 맹구가,
"우리들중에서 제일 터프하게 생긴 사람이 이 초콜릿을 먹기로
　했었어와요~"
하고 대답을 했슴돠. 그러자 황마담 누나는 가발을 집어던지며,
"이놈의 자쓱들 봐라! 하라는 공부는 안하고 시방 뭣하는 짓들
　이야, 엉?"
하고 무섭게 꾸짖었슴돠. 그러자 맹구가 기어 들어가는 목소리
　로 다음과 같이 말했슴봐.
.
.
.
.
.
.
.
.

"여기 있는 초콜릿! 누나가 다 드세요!!!"

수다맨의 일기 48

X월 X일 X요일 날씨: 어두침침.

점심시간 때였슴다. 평소 짝사랑하는 하니가 제 곁으로 다가오
더니 이렇게 말하는 것이었슴돠.
"난 니가 텔레비전에 나왔으면 좋겠어"
"정말?"
"그래야 보기 싫으면 내 맘대로 꺼 버릴 수 있잖아."
"@@@!!!!!!???"
잠시 후, 하니가 다시 말했슴돠.
"가끔씩 네 모습을 망원경으로 훔쳐볼 때가 있어. 그런데 이상
해."
"모가?"
"망원렌즈를 통해서 보면 네가 너무 못생겨 보이는 거 있지."
"그럼 앞으론 이렇게 가까이에서만 봐."
"가까이에서 보면 니가 더 못생겨 보이는데도."
"!!!!!!!!?????"
"오늘은 내가 특별히 너한테 선물을 줄게."
"선물?"
"그래 눈을 감아봐. 그리고 뭐가 보이나 봐."
"아무 것도 안 보이는데?"
"그게 바로 내가 주는 선물이야."
"**????!!!!!"

수다맨의 일기 49

X월 X일 X요일 날씨: 썰렁.

택견을 배운지 어언 1년이 다 되어감돠.
그런데 오늘 관장님께서 더 이상 가르쳐 줄 것이 없으니 저더러
　　그만 나오라고 하는 것이었슴돠.
전 아직 멀었다고 하면서 계속 택견을 가르쳐 달라고졸랐슴돠.
　　그러자 관장님은 고심을 거듭하더니 다음과 같이 말씀하시는
　　것이었슴돠.

.

.

.

.

.

.

.

.

.

.

.

.

"야 이눔아! 그럼 당장 수업료를 내! 공짜로 배우는
것도 하루 이틀이지, 벌써 1년째야!!!"

수다맨의 일기 50

X월 X일 X요일 날씨: 흐리멍텅.

음침한 밤이었슴돠.

친구 집에 놀러 갔다가 밤늦게 버스를 탔슴돠. 너무 피곤했던
전 버스에 타자마자 깊은 잠에 빠져 들었슴돠. 그러다 잠에서
깨어보니 버스 안엔 저만 혼자 달랑 남아있었슴돠.

밖에서는 비가 스산하게 내리고 있는 가운데 불이 꺼진 버스 안
에선 섬득한 기운이 감돌고 있었슴돠.

빽밀러를 통해 본 버스기사 아저씨는 창백한 얼굴의 여자였슴
돠. 여자는 계속해서 핏물이 뚝뚝 떨어지는무언인가를 열심
히 먹고 있었슴돠. 전 너무 무서워서 죽는 줄 알았슴돠. 버스
는 시내를 벗어나 인적 드문 산길로 들어갔슴돠. 기회를 엿
보다 제가 버스에서 막 뛰어내리려 할 때였슴돠. 한치 앞도
분간할 수 없는 깊은 산 속에서 버스가 갑자기 멈춰섰슴돠.

이제 죽었구나 생각하고 양손으로 얼굴을 감싼 채 부들부들 떨고
있을 때였슴돠. 피묻은 손 하나가 제 어깨를 턱하니 잡는 것
이었슴돠.

.

.

"이봐 학생! 종점이야 빨랑 내려!"

(참고로, 버스기사 먹고 있었던 것은 케첩 바른 핫도그였슴돠)

수다맨의 일기 51

X월 X일 X요일 날씨: 흐림.

학교에서 돌아올 때였슴돠.
괴상망측하게 생긴 남자가 제 목에 칼을 들이댔슴돠. 전 깜짝 놀
    라서 왜 그러느냐고 물었슴돠. 그러자 그 괴상망측하게 생긴
    사내는,
"난 나랑 닮은 인간들은 죄다 죽여버리지, 흐흐흐!!!"
하고는 칼을 높이 치켜드는 것이었슴돠. 전 괴사내를 옆으로 힘
    껏 밀며 소리쳤슴돠.

.
    .
    .
    .
    .
    .
    .
    .
    .
    .

"야, 그 칼 이리 줘! 널 닮았다는 소릴 듣느니 차라리 내 스스로
    목숨을 끊어 버리는 게 낫겠다!!"

수다맨의 일기 52

X월 X일 X요일 날씨: 쨍.

버스를 타고 할머니 댁에 심부름 갈 때였습돠.
갑자기 버스가 급정거하는 바람에 그만 앞으로 넘어졌습돠. 그
　런데 하필 그곳엔 너무너무 못생긴 여자가 앉아 있는 것이었
　습돠.
교회 다는 전 자리에서 성급히 일어나며,
"주여! 저를 시험에 들지 말게 하시옵소서..."
하고 외쳤습돠. 그때 차가 너무 급히 출발하는 바람에 또다시 뒤
　로 넘어졌습돠. 그런데 그곳엔 탤랜트 장나라처럼 예쁘장하
　게 생긴 여자가 다소곳이 앉아있는 것이었습돠.
전 두 눈을 꼬옥 감으며 마음속으로 이렇게 외쳤습돠.

"주님 뜻대로 하시옵소서..."

수다맨의 일기 53

X월 X일 X요일 날씨: 태풍

맹구, 토마스와 함께 비행기를 타고 여행을 갔슴돠.
그런데 비행기가 갑자기 고장이 나버렸슴돠. 사람들은저마다 낙
　하산 하나씩을 들고 비행기 밖으로 탈출했슴돠.
이제 나를 포함해 맹구와 토마스 세 명만 달랑 남게되었슴돠. 그
　런데 문제는 낙하산이 달랑 두 개밖에 안 남았다는 것이었슴
　돠.
서로 눈치만 살피고 있는데 갑자기 맹구가 돌진해서 토마스가
　들고있던 낙하산을 강제로 빼앗아버렸슴돠.
"미안해! 나 먼저 간다. 너희들은 천천히 오도록! 음푸하하하."
맹구는 토마스한테서 빼앗은 가방을 안고 비행기 밖으로 힘껏
　뛰어내렸슴돠.
그러자 맹구가 방금 전에 뛰어내린 곳을 바라보며 토마스가 다음
　과 같이 소리쳤슴돠.

.

.

.

.

.

.

"얌마! 어제 새로 산 내 가방 돌리도!!!"

수다맨의 일기 54

X월 X일 X요일 날씨: 햇볕은 쨍쨍

비행기가 추락해서 맹구, 토마스와 나란히 사막 길을 걷고 있을
　때였슴돠.
갑자기 큰 것이 마려워져서 하늘을 보며,
"하나님! 저에게 화장실 하나만 내려 주세용~"
하고 간절하게 기도를 했슴돠. 그러자 하늘에서 깨끗한 수세식
　화장실 하나가 뚝하고 떨어졌슴돠.
큰 것이 마려운데도 불구하고 꾹 참고있던 토마스도 같은 방법
　으로 기도를 했슴돠.
"아, 저에게 화장실을 주세요! 아 예, 그러니까 지금 제가 몹시
　응가가 마렵거든요..."
그러나 이번에는 냄새가 진동하는 푸세식 화장실이 뚝하고 떨
　어졌슴돠. 토마스는 불만이 가득찬 표정으로 하늘을 올려다
　보며 이렇게 투덜댔슴돠.
"아, 이게 뭡니까? 왜 수다맨에게는 수세식이고 전 푸세식인가
　요?"
그러자 하늘에서, "뒤를 한 번 돌아보거라!"
하는 근엄한 목소리가 쩌렁하게 울려퍼졌슴돠. 토마스와 전 거
　의 동시에 고개를 뒤로 돌려봤슴돠.
아, 우리들이 시선이 머문 곳에선 맹구가 신문지를 펼쳐놓은 채
　땀을 뻘뻘 흘리며 응가를 누고 있었슴돠.

꽃말

아녕하세요~ 오늘은 꽃말에 대해서 알아보겠서여~
꽃말에는 여러 가지 사연과 의미가 숨어있지요~ 그럼 시작해요
    ~
갈대는 신에 대한 믿음과 지혜를 뜻하구요. 감나무는 경의, 개나
    리는 희망, 갯버들은 친절을 뜻하구요. 고사리는 유혹, 과꽃은
    변화, 국화는 정조, 군자란은 고귀, 글라디올러스는 승리, 금
    어초는 거만, 귤나무는 친애, 나리는 순결, 난초는 절개, 냉이
    는 나의 모든 것을 바칩니다의 꽃말을 가지고 있어여~
헉헉 ~~~
그럼 여기 잠시 한 말씀 드리겠슴돠.
사랑하는 사람이 있으면 활짝 핀 꽃을 꺽어 꽃다발을 바쳐보세
    요. 지금 당장 꺽지 않으면 내일이면 시들 꽃을 말이에여~
하지만 명심할 것은 꽃말을 잘 알고 꽃을 바치라는 것이에여~
    사랑하는 사람에게 괜히 이별의 슬픔을 의미하는 금잔화 같은
    꽃을 선물하면 큰일나요~ 참고로 저 같이 수다 떠는 사람들
    을 뜻하는 꽃말을 가진 꽃은 백일홍이라고 하네여~
그럼 계속하겠어여~ 단풍나무는 사양, 달리아는 화려, 달맞이
    꽃은 말없는 사랑 또는 기다림, 대나무는 정절을 뜻하고요.
데이지는 순결, 도라지는 영원한 사랑, 동백꽃은 자랑,들국화는
    상쾌, 라일락은 첫사랑의 감동 또는 우애, 레몬은 성실한 사
    랑, 마가렛은 사랑을 점친다, 매화는 깨끗한 마음, 맨드라미
    는 치정, 모과는 조숙, 모란은 수줍음을 뜻해요~ 헉헉헉~
목련은 자연에의 사랑, 목화는 어머니의 사랑, 물망초는 나를 잊
    자마세요, 미나리는 성의, 민들레는 내 사랑 그대에게, 배꽃

은 환상, 백일초는 헤어진 벗에게 보내는 마음, 백합은 순결, 별꽃은 추억을 뜻하구요.

봉선화는 나를 건드리지 마세요, 붓꽃은 존경, 뽕나무는 지혜, 사과는 유혹, 샤프란은 환희, 샐비아는 나의 마음은 불타고 있습니다, 석류는 번영, 선인장은 정열,수련은 신비, 수선화는 자기사랑, 아네모네는 인내, 아몬드는 기대, 아카시아는 쾌락에의 바램, 안개초는 깨끗한 마음, 엉겅퀴는 고독한 사랑, 연꽃은 신성, 오렌지는 순결을 뜻한다고 해요. 헥헥헥~~~

아직도 다 끝나지 않았서여~ 정신 똑바로 차리고 잘 들으세요 ~ 그럼 계속할게요~

월계수는 승리, 은방울꽃은 행복한 기별, 은행은 장수,자귀나무는 가슴이 두근거림, 작약은 수치, 접시꽃은 풍요, 제비꽃은 가인, 진달래는 신념, 채송화는 순진을 뜻 한다고 해요. 그리고 여러분들이 가장 많이 좋아하는 장미는 사랑, 비밀, 아름다움, 애정, 미덕을 뜻하는데 꽃 색깔마다 꽃말이 달라요.

백색은 결백, 황색은 질투, 복숭아색은 사랑의 맹세, 진홍색은 수줍음, 핑크색은 소녀의 얼굴, 적색은 열렬한 사랑, 들장미는 조촐한 사랑, 가시는 엄격 또는 절재를 뜻한다고 해요.

철쭉은 정열, 치자나무는 청결, 카네이션은 어머니의 사랑, 칸나는 존경, 코스모스는 사랑 또는 순결, 클로버는 감사, 탱자는 추억, 튤립은 사랑, 패랭이꽃은 순결한 사랑, 팬지는 나를 사랑해주세요, 프리지아는 청향, 해당화는 온화, 해바라기는 기다림,히아신스는 추억을 뜻한다고 해요. 여기서 참고로 알아두면 좋은 것은 원산지가 한국인 꽃으로는 개나리, 진달래,

철쭉, 백합, 나리, 산나리,동백, 작약, 도라지, 꽃창포, 갈대, 억
  새, 엉겅퀴, 담쟁이넝쿨, 산수유, 감나무, 소나무, 화살나무,
  회양목, 복숭아나무가 있다고 하네요~~~~헉헥헷~~~~~
근디 중요한 한가지 사실을 빼먹었네요~
사랑으로 꽃을 보라는 거예요~ 사랑이 없으면 이 세상 아무 꽃
  도 아름답지가 않으니까요~~~~

미치고 환장하겄네 7

수: 어제 점심때였어. 모처럼 친구가 놀러온그야.

준: 반가웠겠군 그래?

수: 처음엔 그랬지. 그런데 아 글시 이 친구에게 전화번호를 주며
  탕수육을 하나 시키라고 했더니...

준: 그랬더니?

수: 곰곰이 생각하더니 나에게 와서 그러는그야.

준: 뭐라 그랬는데 자네가 그렇게 흥분하나?

수: 아 글시 한 손에 부채를 들고는 탕수육이 없어서 못 시키겠
  다고 하니~

수, 준: 이거 미치고 환장하겄네~ 아이구야!!!

미치고 환장하것네 8

수: 어쨌든 내가 탕수육을 시켜서 잘 먹기는 했다네.

준: 그럼 됐지 또 무슨 문제가 있었는감?

수: 있었지! 아, 글시 이 친구가 갑자기 배가 아프다고 하는그야.

준: 어허 저런! 그래서 어떻게 했는데?

수: 화장실에 가서 똥 한번 때리고 오라고 했지.

수: 그런데 잠시 후, 화장실에서 이상한 소리가 나는 그야.

준: 무슨 소리가 났는디 그러는가?

수: 철썩~ 철썩~ 하는 소리였다네.

수: 그래서 문을 열고 화장실로 들어갔더니~

준: 갔더니?

수: 아 글시 이 친구가 똥을 손으로 때리고 있으니~

수, 준: 이거 미치고 환장하것네~ 아이구야!!!

미치고 환장하것네 9

수: 그때였어. 누나가 잠시 맡기고 간 조카 아기가 갑자기 우는그
    야.
준: 저런!
수: 그런데 설상가상으로 전화까지 오더라구.
준: 그래서 어떻게 했는감?
수: 친구보고 잠깐 아기 좀 보고 있으라 했지.
준: 그래 잘 보던감?
수: 아기를 계속해서 쳐다만 보고 있더군.
준: 허허 져런! 어이가 없었겠군먼?
수: 제발 똑바로 아기를 보라고 했지.
준: 그랬더니 제대로 보던감?
수: 아 글시, 두 눈을 부릅뜨고 아기를 째려보고 있으니~
수, 준: 이거 미치고 환장하것네~ 아이구야!!!

미치고 환장하것네 10

수: 그 친구, 밖으로 나가더니 커다란 봉지에 들어 있는 조리퐁을 하나 사 가지고 오는그야.

준: 재미있는 친구네 그려~

수: 친구가 먹는 모습을 보니 나도 갑자기 먹고 싶어지더군. 그래서 조금만 달라고 했지.

준: 그래 자네에게도 주든감?

수: 그랬드니 조리퐁을 딱 한 개만 주는그야.

준: 정말 웃기는 친구네 그려?

수: 난 황당해서 '야 임마! 쪼잔하게 이게 뭐야?'하고 벌컥 화를 냈지. 그랬더니 이 친구~

준: 어떻게 했는디?

수: '조금만 달라'면서 하는그야.

준: 정말 골 때리는 친구를 뒀군 그려.

수: 그래서 이번엔 손을 내밀면서 많이 좀 다 달라고 했지.

준: 그랬더니 순순히 주든감?

수: 그랬드니 그 큰 봉지에 하나 가득 들어있던 조리퐁을 내 손에 다 뿌려대고 있으니~

수, 준: 이거 미치고 환장하것네~ 아이구야!!!

미치고 환장하것네 11

수: 방바닥이 순식간에 조리퐁으로 아수라장이 됐다네.

준: 저런~ 그래서 어떻게 했는감?

수: 친구보고 바닥을 좀 훔치라고 했지.

준: 그랬더니?

수: 그 친구 질색을 하며 싫다는그야. 그래서 내가 왜 싫으냐고
    물었더니~

준: 물었더니?

수: 아, 글시 눈물을 글썽이며 '훔치는 건 나쁜 짓이잖아' 하는
    그야.

준: 그렇다고 눈물까지 흘리다니 그 친구 정말 대단하군 그려.

수: 갑자기 그 친구가 너무 안 돼 보이는그야.

준: 그래서?

수: '친구야 내가 사과할께'라고 말했지. 그랬더니 이 친구 뭐
    라하는 줄 알아?

준: 뭐라했는디?

수: 그랬드니 진지한 표정으로 '난 메론!' 하고 있으니~

수, 준: 이거 미치고 환장하것네~ 아이구야!!!

미치고 환장하것네 12

수: 그 친구랑 심심해서 비디오를 빌려다 보았다네.

준: 기분 전환하는데는 비디오가 최고지.

수: 그런데 햇빛 때문에 눈이 부셔서 제대로 볼 수가 없는그야.

준: 그래서?

수: 친구더러 창문에 매달려있는 커튼 좀 치고 오라고 했지.

준: 그래, 이번에는 잘 치고 왔던감?

수: 그랬더니 아 글씨 창 쪽으로 걸어가서는~

준: 걸어가서는?

수: 커튼을 손등으로 툭 치고 있으니~

수, 준: 이거 미치고 환장하것네~ 아이구야!!!

미치고 환장하것네 13

수: 그러던 그때 마침 집에 강도가 들은그야.

준: 저런~ .

수: 강도는 우릴 보더니 '죽을 준비해!!!'하고 소릴 쳤어.

준: 겁나게 살 떨렸겠구먼~

수: 넘 무서워서 고개를 숙이고 '아이고 제발 목숨만은 살려주
    세요!'라고 했지.

준: 잘한그야~

수: 근데 그 친구는 계속해서 뻣뻣하게 서 있는그야~

준: 간뎅이가 부은 친구군 그래~

수: 그러니까 강도가 다시 소리쳤어. "이놈, 죽을 준비하라니까!
    "하고 말야.

준: 그 강도 화날만도 했겠구먼~

수: 그랬드니 그 친구~

준: 뭐라 해는디?

수: 고작 한다는 소리가 "죄송하지만 이 집엔 죽이 없걸랑요."하
    고 있으니~

준, 수: 이거 미치고 환장하것네~ 아이구야!!!

미치고 환장하것네 14

수: 난 너무 화가 난 나머지 그 친구보고 당장 우리 집에서 나가
　라고 했네.
준: 저런~
수: 그러면서 나갈 때 문 꼭 닫고 나가라고 했지.
준: 그랬더니 이번에는 아무 사고 없이 잘 나가던감?
수: 잘 나가긴? 문을 닫고 가만히 있더구먼. 그러더니 울먹이면
　서~
준: 뭐라 하던감?
수: 문이 닫혀서 도저히 못나가겠다 하더군.
준: 저런 답답한 노릇이~
수: 그래서 한숨을 내쉬며 그냥 문 열어놓고 나가라 그랬지.
준: 그랬드니?
수: 대문을 활짝 열어 놓은 채 나가고 있으니~
수, 준: 이거 미치고 환장하것네~ 아이구야!!!

니맘대로 해!

슈퍼맨과 배트맨, 스파이더맨, 그리고 수다맨이 나란히 길을 걷고 있을 때였다. 우연히 시간을 보니 '개그 콘서트'가 막 시작할 시간이 되었다. 그러자 슈퍼맨이 갑자기,
"슈퍼맨!!!"하고 날아갔다.
곧이어 배트맨도,
"배트맨!!!"하고 재빠르게 달려갔다.
스파이던맨은 거미줄을 건너편 빌딩에 쏘더니 그 줄을 잡고 횡하니 어디론가 사라져버렸다. 그러자 혼자 남게된 수다맨, 가소롭다는 표정으로.

.

.

.

.

.

.

.

.

"난 담에 재방송봐야지!"

누구야!

수다맨이 하루는 한강에서 유람선을 타게되었다.

그런데 하필 그 유람선이 고장이 나서 침몰하게 되었다. 사람들이 우왕좌왕하는 가운데 선장이 승객들을 향해 소리쳤다.

"지금 배 안에는 최대 10명을 태울 수 있는 구명보트가 하나있습니다. 그런데 현재 배 안의 정원은 저를 비롯해 모두 11명입니다. 누군가가 한 명 희생해야 나머지 사람들이 살아남을 수 있습니다. 여러분들 중에서 혹시 누가..."라고 말하는 순간이었다. 수다맨이 갑자기 물 속으로 뛰어들었다.

덕분에 사람들은 모두 목숨을 건졌고, 물 속으로 뛰어 들던 수다맨 역시 119구조대에 의해 가까스로 살아남게 되었다.

잠시 정신을 잃었던 수다맨이 깨어나자 수십 명의 기자들이 달려와 플래시를 터뜨리며 물었다.

"정말 대단하십니다! 자신의 목숨을 버리면서까지 수많은 사람들의 목숨을 구하신 소감 한마디만 부탁드립니다."

그러자 주변을 두리번거리며 수다맨왈.

.

.

.

"우쒸! 아까 유람선 위에서 날 갑자기 떠민 놈이 누구얏!"

조언

어느 늦은 저녁이었다.

맹구는 마당에서 땀을 뻘뻘 흘리며 대나무로 하늘을 휘휘 휘젓
고 있었다.

옆집에서 이를 보고있던 수다맨이 하도 궁금해서 맹구에게 물었
다.

"너 지금 모하니?"

"말시키지 마. 나 지금 별 따고 있는 중이야."

그러자 한심하다는 표정으로 수다맨.

"야 이 무식한 놈아! 세상에 그렇게 한다고 별이 따지냐? 별을
따려면 옥상으로 올라가야지잉~"

이유

우리나라 최대의 폭력조직인 '맹구파'의 우두머리인 맹구가
하루는 자신의 부하중 한 명인 수다맨에게 문제를 하나냈다.
"9 빼기 5가 뭔지 아나?"
수다맨은 한참동안 진지하게 생각을 하더니 자신있게, "4입니
다."하고 대답했다.
그러자 맹구는 당혹스러운 표정을 짓더니 안주머니에서 총을 꺼
내 한방에 수다맨을 죽여버렸다. 그리고는 혼잣말처럼 중얼
거렸다.

"네 놈은 너무 많은 것을 알고 있어..."

땀을 흘리는 이유

어느 무더운 여름날이었다.

폭주족인 수다맨은 여자친구인 하니를 뒤에 태우고 거리를 난폭하게 질주했다. 시속 120킬로미터로 신나게 달리던 수다맨이 뒤를 보며 하니에게 소리쳤다.

"야, 무자기 시원하지?"

그러나 하니는 땀만 뻘뻘 흘리고 있을 뿐 아무런 대답을 하지 않았다. 수다맨은 이상하게 여기고 이번에는 시속 160킬로미터로 더욱 속력을 내며 물었다.

"하니야! 이제 좀 시원하나?"

그러나 하니는 방금 전보다 더 많은 땀만 흘릴 뿐 아무런 대답을 하지 않았다. 수다맨은 이상하다 생각하고 시속 200킬로미터까지 속력을 높이며 다시 물었다.

"이래도 더워?"

그러자 뒤에 있던 하니, 숨을 헐떡이며 다음과 같이 말했다.

.

.

.

.

.

.

"야, 나 아직 안 탔단 말야!!!!"

담배만 주면 어떡해!

수다맨이 큰 죄를 짓고 감옥에 갔다. 감옥은 육지에서 수백 킬로
　　떨어진 어느 외딴 섬에 있었다. 교도소장은 수다맨을 위해 특
　　별히 좋아하는 것을 말하면 복역하는 20년 동안 주겠다고
　　했다. 골초인 수다맨은 고민 끝에 담배를 달라고 했다.
그로부터 20년이 지난 어느 날이었다. 수다맨이 있는 감방으로
　　교도관이 가 보았다. 수다맨은 구석에 쪼그려 앉아 담배를 입
　　에 물고는 무슨 생각인가에 골몰하고 있었다. 교도관이,
"이봐 수다맨! 거기서 무슨 생각을 그렇게 하고 있나?"
하고 묻자 수다맨은 다음과 같이 짤막하게 되물었다.

"근데 불은 언제 주남유?"

수다맨이 빠른 이유

수다맨이 공원에서 롤러스케이트를 타고 있을 때였다. 갑자기 최
성능 오토바이를 탄 맹구가 나타났다. 맹구는 자랑하듯 수다
맨 옆을 비웃으며 횡하니 지나갔다. 그런데 이게 웬일인가. 조
금 가다가 느낌이 이상해서 뒤돌아보니 수다맨이 자신 바로
뒤에 붙어서 쫓아오는 것이 아닌가. 맹구는 속력을 내서 100
킬로로 달렸다. 그런데 뒤돌아보니 수다맨이 여전히 뒤좇아
오는 것이 아닌가. 맹구는 시속 200킬로 전속력을 다해 다시
달렸다. 그런데도 여전히 수다맨은 바로 뒤까지 쫓아오고 있
었다.

너무 궁금하게 생각한 맹구는 오토바이를 길 가장자리에 세우고
수다맨에게 물었다.

"우와!!! 너 정말 대단하다! 어떻게 롤러스케이트를 타고 시속
200킬로가 넘는 오토바이를 따라올 수 있는 거니?"

그러자 화가 잔뜩 난 표정으로 씩씩거리며 수다맨왈.

"우쒸! 네 오토바이에 내 허리띠가 걸렸잖아~"

엽기 선생님

수다맨이 어느 초등학교 선생님으로 새로 부임했다. 첫 수업 날
　출석을 부른 수다맨이 학생들을 보며,
"오늘 배울 내용이 뭔가?"
하고 물었다. 그러자 맹구가 대표로,
"아직 배우지 않아서 잘 모르겠걸랑요!"
라고 대답했다. 그러자 수다맨은 혀를 차며,
"어헛! 도대체 이 반은 수업할 분위기가 되어있지 않군 그래!"
하고는 교실 밖으로 나가버렸다.
다음날 수다맨이 전날과 같은 질문을 다시 던졌다. 그러자 전날
　한방 먹은 맹구가 입술을 실룩거리며, "물론 다 알지요!"
라고 자신있게 대답했다. 그러자 수다맨은, "그거 참 잘 됐군! 그
　렇다면 내가 더 이상 가르칠 것이 없겠군!"
하고는 교실문 밖으로 휭하니 나가버렸다. 황당해진 맹구는 다
　음날도 수다맨이 같은 질문을 던지자 이번에는,
"반은 알고 반은 모르걸랑요."
하고 재치 있게 대답했다. 그러자 기다렸다는 듯이 수다맨왈.
.
.

"그럼 아는 학생이 모르는 학생을 좀 가르쳐 주도록!!!"

갈갈이와 산신령

갈갈이가 하루는 산 속을 헤매다가 들고있던 무를 연못에 빠뜨리
   고 말았다. 무를 잃어버려서 공연을 할 수 없게된 갈갈이는 연
   못 앞에 엎드려서 엉엉 소리내어 울었다. 그러자 갑자기 산신
   령이 뿅하고 나타나서 갈갈이에게 물었다.
"이 금무가 니 무니?"
"아닙니다!"
"그럼 이 은무가 니 무니?"
"그것 역시 제 무가 아니옵니다!"
"그럼 동무가 니 무니?"
"아니옵니다!"
그러자 산신령이 금,은,동 무를 갈갈이에게 건네주며 다음과 같
   이 말했다.

   .
   .
   .
   .
   .
   .
   .
   .

"그 놈 참 이빨 한 번 특이하게 생겼구나! 이 무들을 니 이빨로
   다 긁으면 잃어버린 니 무를 돌려주겠노라!"

신난다?

방학을 하던 날이었다.
수다맨은 교실 밖으로 튀쳐 나오더니 신발을 하늘 높이 집어던지
  며 다음과 같이 외쳤다.

"신! 난! 다!"

수다맨 시험 답안지

문: ( ) 라면 ( ) 겠다.
참고 : 장래희망과 그 때의 할 일을 적는 것임.
맹구 정답 : (신) 라면 (맵) 겠다.

고서성어

오늘은 효도, 충절, 섬김 등에 관한 고사성어에 대해 알아 보도
록 하겠어요~ 여러분들도 잘 보고 배워서 부모님께 효도 잘
하는 착한 어린이가 되세용~ 그럼 시작하겠어용~가빈친로(
家貧親老)는요, 살림이 궁색하고 어머니가 늙었을 때에는 그
봉양을 위해서 마땅치 않은 벼슬 자리라도 한다는 말이고요
걸견폐요(桀犬吠堯)는요, 중국 하(夏)나라에서 있었던 고사
로 걸주라는 성질이 포악한 사람이 개를 길렀는데 이 개는 주
인의 명에 따라 성군인 요임금을 보고도 짖었다고 하네요 즉
사람은 자기가 섬기는 주인에 대해서는 선악을 구분하지 않
고 충성을 한다는 의미구요 걸해골(乞骸骨)은요 늙은 신하
가 사직을 청원할 때 쓰는 말이고요 견마지로(犬馬之勞)는요
임금이나 나라에 충성을 다하는 노력을 뜻해요 헉헉헉~
견마지심(犬馬之心)은요 임금이나 나라에 충성을 다하는 마음
을 일컫는 말이고요 견마지양(犬馬之養)은요 개나 말의 봉
양, 부모를 봉양만 하고 존경하는 마음이 없음, 봉양만 하는
것은 효도가 아니다는 뜻이고요 견마지충(犬馬之忠)은요 개
나 말처럼 몸을 돌보지 않고 바치는 충성을 뜻해요 비슷한 말
로는 견마지심(犬馬之心), 구마지심(狗馬之心) 등이 있어
용~
여기서 잠깐 한 말씀!!!
한백유라는 사람은 나이가 들어서 어머니로부터 종아리를 맞게
되었는데, 어릴 때 자신을 때리던 힘보다 약해져 어머니가
많이 늙었음을 통탄하였다고 하는군요~
그런데요~ 여러분들 중에서 괜히 이 이야기 듣고 집에 계신 엄

마한테 얻어 맞다가 '엄마, 전에 비해 힘이 많이 약해지셨네요?'하고 까불지 마세요. 그러다가 잘못하면 맞아죽는 수가 있걸랑요~자 그럼 계속 하도록 하겠어요~

견위수명(見危授命)은요 나라가 위태로움을 당하면 기꺼이 목숨을 바친다는 뜻이고요 견위치명(見危致命)은요 나라의 위급함을 보고 몸을 바친다는 뜻이고요 고굉지신(股肱之臣)은요 다리와 팔뚝에 비길 만한 신하·즉 임금이 가장 신임하는 중신(重臣)이라는 뜻이에요~구로지감은 자기를 낳아 키우느라고 고생한 부모의 은혜를 생각하는 마음이고요 국가혼란유충신(國家昏亂有忠臣)은 태평성대에는 충신과 간신을 구별하기 힘들지만 나라에 변란이 생겼을 때야 비로

소 충신의 진면목을 알 수 있다는 말이고요 당대발복(當代發福)은 부모를 좋은 땅에 장사지내 지금의 세상 부귀를 누리게 됨을 뜻하고요

대성지행(戴星之行)은 타향에서 부모의 부음을 받고 밤낮없이 바쁘게 돌아오는 길, 즉 부모를 섬김에 있어 겨울에는 따뜻하게 여름에는 시원하게 해 드린다는 뜻이고요

반포보은(反哺報恩)은 부모가 길러준 은혜에 보답하는 것 반포지효(反哺之孝)는 까마귀 새끼가 자라서 늙은 어미에게 먹이를 물어다 주는 효성이라는 뜻으로, 자식이 자라서 어버이를 봉양하며 그 길러 주신 은혜를 갚는 효행을 이르는 말이에요~ 허거거걱!!!!

자 그럼 부모님 말씀 잘 듣고 나라를 위해 큰일 할 수 있는 여러
분들이 되길 바라며 전 이만 실례하겠어요~~~~

이영애가 면접 보던 날

면접관: 어학실력은 어느 정도 되지요?

이영애: 영어 조금 하구요. 인터넷으로 공부했습니다.

면접관: 우리 부서를 지원하게 된 동기는?

이영애: 꼭 도전하고 싶은 분야여서 도전하게 되었습니다.

면접관: 마지막으로 하고싶은 말은?

이영애: (가방에서 곰 인형 하나를 꺼내 빙빙 돌리며)걱정마~~
　　　　잘 될거야~~~~

수다맨의 정체

점심시간이 막 끝난 나른한 오후였다.
학생들이 수업을 기다리고 있는데 수다맨이 들어왔다.교수: 어
　이, 자넨 그 옷차림이랑 머리모양이 뭔가? 아무리 대학생이라
　고는 하지만 너무 심한 거 아닌가? 폭주족도 아니고...
그러자 기어 들어가는 목소리로 수다맨왈.

"저 자장면 그릇

학생들 공부유형

☞ 이승복형·········나는 죽어도 공부가 싫어요!!!

☞ 이순신형·········내가 땡땡이 쳤다는 사실을 아무에게도 알리지 마라

☞ 나폴레옹형·········내 사전에 공부란 없다

☞ 맥아더형·········나는 공부하지 않는다 다만 몸으로 때울 뿐이다

☞ 김 구형·········나의 첫 번째 소원은 공부 없는 세상에서 사는 것이요, 두 번째 소원도 공부 없는 세상에서 사는 것이요, 세 번째도...

굼벵이 세 마리

굼벵이 세 마리가 집밥을 싸 가지고 소풍을 갔다.그런데 식사를
　하려고 보니 물을 안 싸온 것이다.셋은 가위바위보에서 진 굼
　벵이가 산 아래로 가서 물을 떠오르기로 했다.
그래서 무리들 중에서 가장 걸음이 느린 굼벵이가 꼴찌가 되어,
"나 올 때까지 너희들끼리 김밥 먹으면 절대 안 돼!" 하고는 물을
　뜨러갔다.
그런데 어찌된 일인지 날이 어두워질 때까지 되돌아 오지 않는
　것이었다. 배가 너무나 고팠던 일행들은 하는 수 없이 자기들
　끼리 먼저 먹기로 했다. 두 마리의 굼벵이가 막 김밥을 먹으
　려 할 때였다. 아까 물 뜨러 간다던 굼벵이가 바위 뒤에서 나
　오며 하는 말.

　　.
　　.
　　.
　　.
　　.
　　.
　　.

"내가 이럴 줄 알고 물 뜨러 가는 척 하면서 아까부터
계속해서 이렇게 숨어서 지켜보고 있었다니까!"

사는 이유

병에 걸린 수다맨이 하루는 병원을 찾았다.
자신이 죽을병에 걸렸다고 확신한 수다맨은 침통한 표정으로
　의사에게 물었다.
"혹시 제가 죽을병에 걸린 것은 아니겠죠?"
"오래 살고 싶으세요?"
"물론이죠."
"술 담배 많이 하시나요?"
"전혀요!"
"도박이나 오락은요?"
"전혀요!"
"그럼 운전은요?"
"그 역시 전혀요!"
그러자 잠시 곰곰이 무엇인가를 생각하던 의사왈.

"아니, 그런데 무슨 재미로 여지껏 살았어요?"

동기들

2020년 어느날.

수다맨은 모처럼 만에 동창생인 친구 맹구와 하니를 만났다.

둘은 사업에 크게 성공을 했지만 수다맨은 여전히 가난에서 벗어
　나지 못하고 있는 상황이었다. 한참 신나게 이야기를 하고 있
　는데 맹구의 손등에서 '삐~'하는 소리가 났다.

수다맨이 무슨 소리냐고 묻자 맹구는, "응, 이거? 마이크로 칩을
　피부에 이식해서 만든 삐삐야."

잠시후, 이번에는 하니의 손가락에서 같은 소리가 났다. 수다맨
　이 묻자 하니도 같은 대답을 했다.

수다맨은 소외감과 열등감을 느껴서 슬며시 밖으로 나가 담배
　하나를 피우고 다시 들어왔다. 그런데 어찌된 일인지 수다맨
　의 콧구멍에 화장지가 길게 늘어져 있었다.

그러자 콧구멍에 매달려있는 화장지를 다급히 잡아당기며 수다
　맨왈.

　　·

　　·

　　·

　　·

"오메! 언제 팩스가 왔지?"

누명

평소 품행이 좋지 않던 수다맨이 하루는 형과 같이 교회를 갔다.
형이 잠시 화장실에 간 사이 얼굴이 좀 험악하게 생긴 목사님이
　수다맨에게 물었다.
"너 하나님이 어디 계신지 알고 있나?"
"글...쎄요?"
"하나님이 어디 있는지 모른다는 게 어디 말이나 돼?
그러지 말고 잘 한 번 생각해 봐."
조용히 말하는 것 같은데도 목사님의 목소리는 정말 우렁찼다.
그러자 잠시 눈치를 살피던 수다맨, 갑자기 형이 있는 화장실 쪽
　으로 달려가며 다음과 같이 소리쳤다.

.

.

.

.

.

.

.

.

.

"형, 토껴!!! 하나님이 실종됐는데, 목사님은 우리가 한 짓인 줄
　알고 있어."

수다맨과 아버지

수다맨은 기말고사에서 꼴지를 했다.

얼마 전, 아버지는 또다시 꼴지 하는 날에는 자신을 아버지라고 부르지도 말라고 엄포를 놓으신 터였다. 고민을 하다가 저녁 늦게 집에 들어온 수다맨을 보며 아버지가 물었다.

"그래, 시험은 어떻게 되었느냐?" 그러자 수다맨 왈.

"아저씬 누...... 누구세요?"

한국과 북한의 텔레토비 헤어질 때 인사말

☆ 한국 텔레토비

사회자: 꼬꼬마 텔레토비 친구들! 이제 헤어질 시간이에요.
텔레토비: 시져 시져...

☆ 북한 텔레토비

사회자: 전파 뚱뗑이 아새끼들! 이제 찌끌어질 시간이라우.
텔레토비: 싫습메다 싫습메다....

김 다 모여!

컴퓨터 통신망을 통해 모임을 갖던 김들이
모처럼 한자리에 모여 서로 인사를 나눴다.
"난 하얀김이야!"
"난 검은김이야!"
"난 파래김이야!"
"난 입김이야!"
".........................."
모두 소개가 끝났지만 유독 구석에 앉은 남녀 한 쌍만 침묵을 지
　키고 있었다.
다른 김들이 빨리 소개를 하라고 다그치자 김들 중에서 여자김이
　머뭇거리며 말했다.

　　　　.
　　　　.
　　　　.
　　　　.
　　　　.
　　　　.
　　　　.
　　　　.
　　　　.

"나...난 수지김이고... 쟨 앙드레김이야..."

닭 잡는 방법

어느 날 양계장에서 닭 한 마리를 잡기로 하였다.

그러나 마음 여린 주인은 단 한번도 자기 손으로 직접 닭을 잡은 적이 없었다.

고민 끝에 주인은 한가지 묘안을 생각했다. 양계장 주인은 닭들 중에서 유난히 잘 떠들어대는 수다맨 닭을 닭장 밖으로 끌어 낸 후 딱 한마디만 해보라고 했다.

그러자 수다맨 닭은 신이 나서 주절주절 떠들어대기시작했다.

하루가 가고, 이틀이 가고, 3일이 가고 계속해서 떠들어대던 수 다맨 닭은 결국 일주일째 되던 날, 피를 토하며 제 풀에 지쳐 죽고 말았다.

조폭졸개 수다맨.

무식하고 흉악무도하기로 소문 자자한 조폭두목에게 약혼녀가
　생겼다. 하루는 약혼녀의 집요한 제의에 세종문화회관으로 오
페라 구경을 갔다. 졸음을 꾹 참으며 보고 있는데 진동에다 놓은
　핸드폰이 심하게 흔들렸다.
조폭두목은 기어들어 가는 목소리로 나지막이 말했다.
조폭두목 : 여...보셔요...
조폭졸개 수다맨: 형님! 저 수다맨이신데 시방 어디 계십니까
　요!
조폭두목 : 나 시방 문화회관이란 곳에 있다. 그러냐 뭔일이냐
　아그야?
그러자 흥분한 목소리로 조폭졸개 수다맨왈.

.

.

.

.

.

.

.

형님! 무쟈게 섭섭합니다요!! 저두 고기 무쟈게 좋아합니다
　요!!!!!!!!!!....

지하철에서 생긴 일

수다맨이 전철을 타고 갈 때였다.

옆에 앉아있던 아저씨가 입을 쩌억 벌리고 자고 있는 것이 아닌 가.평소 장난하기를 좋아하는 수다맨은 손가락 하나를 펴서 아저씨의 입에 넣었다 뺐다. 주변에 있던 사람들은 키득키득 소리내어 웃었다. 자신감을 얻은 수다맨은 손가락을 펴서 아저씨의 입에 두 개, 세 개, 네 개를 연속으로 집어넣었다.

하지만 아무리 장난이라고는 하지만 다섯 손가락을 다 넣기는 좀 그래서 잠시 망설이고 있을 때였다. 아저씨 옆에 앉아서 눈물까지 흘리며 웃던 아줌마가 계속하라고 부추겼다.

이에 다시 용기를 얻은 수다맨은 전철안에 있는 모든 사람들의 시선이 집중하는 가운데 드디어 손가락 다섯 개를 아저씨의 입에 집어넣었다 뺐다.

전철 안은 뒤집어졌고 아저씨 옆에 있던 아줌마는 너무 웃어서 거의 실성을 했다.

그러는 사이 전철이 ○○역에 정차했다.

그러자 방금 전까지 가장 심하게 웃던 아줌마, 눈물을 닦으며 잠자고 있던 아저씨를 흔들어 깨우며.

.

.

.

"여보 내려!!!"

파워디지몬 5 행시

파: 파워디지몬 못셨습니까요 행님~
위: 워째 볼만하더냐 아그야~
디: 디지게 잼남니다요 행님~
지: 지우 나오는 그 만화 맞지 아그야~
몬: 몬소리 하시겹니까? 그건 포케몬스터임니다요 행님~

황마담 3 행시

황: 황마담!!!
마: 마지막 부탁이야
담: 담에 나올 땐 제발 다리에 난 털 좀 깍고 나와잉~

삼행시로 3 행시 짓기

삼: 삼돌아! 이 행님 등 좀 밀그라~
행: 행님, 피부 정말 끝내줍니다요~
시: 시끄럽다! 기러면 응뎅이에 뽀뽀 한 번 해 줄래~

나팔꽃 엽기 삼행시

나: 나팔꽃이 힘자랑을 한다
팔: 팔뚝 굵다 자랑말고
꽃: 꽃이면 꿀이나 만들 것이지

세일러문 4 행시

세: 세상에서 젤 어여쁜 그대는
일: 일본 가시나인가요?
러: 러시아 가시나인가요?
문: 문덩아! 나, 달나라 가시나다 우짤래?

엽기토끼 4 행시

엽: 엽기토끼가 마법주문을 외우고 있었다.
기: 기를 모으더니 갑자기 '얍'하고 외쳤다.
토: 토끼란 토끼는 죄다 엽기토끼로 변했다.
끼: 끼히잉~ 지구정복 준비 끝!

```
     /)/)
  (^ .^ =)
    (   )○   <---엽기토끼
```

연변총각 4행시

연: 연애는 해보셨나요?
변: 변변한 연애 한 번 해보셨나요?
총: 총 맞을 소리하지 말라구요?
각: 각시만 백 명 있다구요?

어느 자취생의 라면으로 식단 짜기

평상시: 라면 그 자체가 주식임돠
새로운 맛을 추구할 때: 라면에 파를 송송 썰어 넣습돠
건강을 생각할 때: 라면에 계란을 넣습돠
배가 몹시 고플 때: 라면을 퉁퉁 불렸다가 먹습돠
색다른 라면을 원할 때: 컵라면을 대신 먹습돠
열받을 때: 라면을 박살내서 끓여 먹습돠
폼나게 먹고 싶을 때: 라면과 포도주를 같이 먹습돠
슬플 때: 라면에 고춧가루를 듬뿍 풀어서 먹습돠
외로울 때: 소주와 같이 먹습돠
속이 안좋을 때: 스프를 빼고 담백하게 먹습돠
급할 때: 물은 따라내고 면만 먹습돠
심심할 때: 라면땅을 만들어 먹습돠.

변태 도너츠

공중 화장실에서 소변을 누던 도너츠가 부르르 한 번 떨었다.
그러자 몸에 붙어있던 설탕이 다 떨어져 내렸다.
옆에서 이 광경을 지켜보던 김밥 아저씨왈.

"이봐 젊은이! 공동장소에서 갑자기 그렇게 옷을 다 벗어 던지
   면 어떻게 하나?"

이뿐이의 한마디 엽기

이세상에서 젤루 이뿐사람을 한글자로 줄이면?
:나
두글자로 줄이면?
:또나
세글자로 줄이면?
:역시나
네글자로 줄이면?
:그래두나
다섯글자로 줄이면?
:아무래두나
여섯자로 줄이면?
:고민해봐도나
일곱자로 줄이면?
:인정키싫어도나
여덟자로 줄이면?
:아무리생각해도나
아홉자로 줄이면?
냉정히생각해봐도나
열자로 줄이면?
어떤이에게물어봐도나

웃기고 자빠졌네 ②

초판인쇄 2013년 6월 10일
초판발행 2013년 6월 15일

지은이 : KBC 유머연구회 편
펴낸이 : 김 용 성
펴낸곳 : 지성문화사
등 록 : 제5-14호(1976. 10. 21)
주 소 : 서울시 동대문구 신설동 117-8 예일빌딩
전 화 : 02) 2233-5554, 2236-2952, 2236-0654
팩 스 : 02) 2238-4240, 2236-0655, 2236-2953
